**ALEXANDRA
VON ARX**

**IM
BUCH
STABEN
MEER**

knapp

Für all meine Dschans

Künstler sein heisst: nicht rechnen und zählen;
reifen wie der Baum, der seine Säfte nicht drängt und
getrost in den Stürmen des Frühlings steht ohne die Angst,
dass dahinter kein Sommer kommen könnte.
Er kommt doch.

Rainer Maria Rilke,
Briefe an einen jungen Dichter

Es war wieder nicht der Moment gewesen, sich von den Turnschuhen zu trennen. Schon zum zweiten Mal trug Natascha gestern die Schuhe von der Sammelstelle, wo sie sie hatte entsorgen wollen, zurück nach Hause. Und nun tragen sie Natascha durch die Strassen, an einer Tramhaltestelle vorbei, über eine Wiese, einer Baugrube entlang und über einen kleinen Platz, wo ein Kellner gerade damit beschäftigt ist, Stühle auf den Gehsteig zu stellen und neben den Tischen anzuordnen. Natascha geht und geht und wird bei jedem Schritt daran erinnert, dass ihr die Schuhe nicht passen. Nie gepasst haben, denkt sie und erinnert sich daran, dass ihre Zehen schon nach dem ersten Tragen geschmerzt haben, damals, in Moskau, als sie bequeme Schuhe gebraucht hätte für all ihre Streifzüge durch die Stadt.

Die Gastfamilie, bei der sie damals wohnte: Gastmutter Svetlana, Gastschwester Elena und Gastschwager Oleg. Mehrere Monate lang lebten sie zu viert in einer kleinen Wohnung in einem grossen Wohnhaus am Stadtrand. Und nichts war Natascha aufgefallen, als sie an einem Morgen zwischen Küche, Bad und Zimmer hin- und hereilte: das Fahrrad nicht, das Oleg aus der Wohnung trug, auch das zweite nicht, das er gleich danach ins Treppenhaus stellte, und die vielen Gepäckstücke nicht, die folgten. Als Natascha am Abend von der Sprachschule nach Hause kam, weinten die Frauen. Der Mann hatte ihr Leben verlassen, ohne sich zu verabschieden, und Natascha war die Letzte gewesen, die ein paar Worte mit ihm gewechselt hatte. Daran denkt sie jetzt, als sie das Tor zum Friedhof öffnet, und sie weiss, dass es ihr vielleicht auch bei einem dritten Anlauf nicht gelingen wird, die Schuhe zu entsorgen. Zu viele Geschichten haften daran.

Das Eintreffen einer Nachricht unterbricht ihre Gedanken, holt sie zurück in die Schweiz, zurück in ihre Stadt, zurück auf den Friedhof, über dessen Hauptallee sie gerade geht. Nur noch ein paar Dutzend Meter sind es bis zum hinteren Teil des Friedhofs, der eine Parkanlage ist. Dort will sie sich mit einem Buch an die Sonne setzen und lesen. Nicht lange, denn noch ist es kühl. Natascha bleibt stehen, klaubt das Telefon aus ihrer Tasche und liest die eingetroffene Nachricht. Es ist eine Übersetzungsanfrage mit dem Vermerk «DRINGEND». Sie flucht leise und spielt in Gedanken drei Möglichkeiten durch. Die Nachricht übersehen haben. Die Nachricht gesehen haben, aber nicht verfügbar sein. Oder die Nachricht gesehen haben, Interesse bekunden und nach Hause zurückkehren. Die beiden ersten Optionen kann sich Natascha nicht leisten. Obwohl sie seit einigen Jahren ein ganzes Bündel verschiedener Tätigkeiten ausübt, ist sie immer noch auf jeden einzelnen Auftrag angewiesen. Und wenn sie diesen einen Auftrag will, muss sie rasch antworten, denn dringende Anfragen gehen jeweils an mehrere Übersetzer.

Natascha antwortet, dass sie verfügbar sei. Und obschon sie nicht davon ausgeht, dass ein Kollege oder eine Kollegin schneller reagiert hat, beschliesst sie, das Eintreffen der Bestätigung abzuwarten, bevor sie sich auf den Heimweg macht. Sie schaut eine Weile noch geradeaus zum Park, der sich am Ende der Hauptallee abzeichnet. Dann beginnt sie, sich langsam um die eigene Achse zu drehen. Dabei verfängt sich ihr Blick im grossen Kastanienbaum, über dessen Äste sie manchmal Eichhörnchen huschen sieht, gleitet den kräftigen Baumstamm hinunter, bevor er nach links über die Grabfelder schweift, welche zu dieser Tageszeit im Halbschatten liegen. Dort nimmt Natascha einen Mann wahr, den sie zwischen den Gräbern wahrscheinlich übersehen hätte, würde er nicht eine pinkfarbene Jacke tragen, auf deren einen Ärmel ein Sonnenstrahl fällt. Wäre der Mann schwarz angezogen, würde sie ihn vermutlich für eine Statue halten, denn wie angewurzelt steht er da und blickt in den Himmel, so, als halte er Ausschau nach einem Engel. Er sieht nicht aus wie ein Trauernder, eher wie einer, der etwas sucht. Vielleicht sich selbst, denkt Natascha, die ihn noch länger beobachtet hätte, doch der Dreiklang ihres Telefons lenkt ihre Aufmerksamkeit ab. Die Bestätigung für den Übersetzungsauftrag ist eingetroffen. Natascha macht sich auf den Weg nach Hause.

Das ist der Preis, den sie bezahlt, um freiberuflich zu sein. Um frei zu sein, hätte sie vor ein paar Jahren noch gesagt. Doch sie idealisiert nicht mehr, denn Freiberuflerin sein ist hartes Business. Die ständige Verfügbarkeit, die Abhängigkeit von ihren Auftraggebern, der tiefe Lohn, die Existenzängste, das fehlende Büro, die fehlenden Bürokollegen, die fehlenden Gespräche mit den fehlenden Bürokollegen und, daran denkt sie jetzt besonders, die Freizeit, die nie eine ist. Freizeit, die sich manchmal wie ein Meer vor ihr ausbreitet, in welchem sie wochenlang schwimmt, bevor sie darin zu ertrinken droht. Eine schmutzige Pfütze ist sie, ihre Freizeit, denkt Natascha, als sie, nun in umgekehrter Richtung, wieder über den kleinen Platz geht, wo der Kellner gerade die Bestellung des ersten Gastes aufnimmt, weiter der Baugrube entlang, über die Wiese, an der Tramhaltestelle vorbei durch die Strassen, bis sie zu Hause ist. Dort streift sie ihre Turnschuhe ab und setzt sich an ihren Arbeitstisch.

Ein Klick noch, und weg ist die Übersetzung. Natascha atmet auf, trinkt den letzten Schluck Kaffee, erhebt sich, trägt die Tasse in die Küche, wäscht sie ab, wäscht auch das restliche Geschirr ab, das sich seit zwei Tagen im Trog stapelt. Zum Schluss fährt sie mit einem feuchten Lappen über den Küchentisch, schrubbt an zwei Stellen Speiseresten weg und pfeift dabei eine nicht näher definierbare Melodie, so laut, als wollte sie sich bemerkbar machen. Sie ist zurück im Leben. Und will nichts wie raus aus dieser Wohnung, in welcher sie die letzten fünfundfünfzig Stunden praktisch durchgearbeitet hat. Der Auftrag war nicht nur dringend, sondern auch kompliziert. Er enthielt viele Fachausdrücke, die sie zwar alle verstand, deren Übersetzung aber nicht nur sinngemäss, sondern haargenau sein musste. Das bedeutete vielfaches Abrufen der Gesetzessammlung. Bei juristischen Texten ist jedes einzelne Wort wichtig. Sogar die Satzstellung kann entscheidend sein. Natascha hat sich so intensiv über den Auftrag gebeugt, dass ihr Rücken schmerzt.

Der Stadtlärm erinnert sie daran, dass es ausserhalb ihrer Wohnung auch andere Wirklichkeiten gibt. Eine Frau, die eine Autotür zuknallt, ein halbvolles Tram, das vorbeirattert, ein Baby, das aus einem Kinderwagen schreit, der Vater dieses Kindes, der es zu beruhigen versucht, dann das Scheppern von Metallstangen in einer Baugrube und ein Mann mit einer Kippa, der pfeifend über einen Platz radelt, an einem Strassencafé vorbei, wo sich zwei Frauen angeregt unterhalten. Schliesslich die Kieselsteine, die unter Nataschas Füssen knirschen, die Vögel, die zwitschern, und ein Eichhörnchen, das geräuschlos über die Hauptallee des Friedhofs huscht. Ihr Telefon hat Natascha auf stumm geschaltet. Heute ist sie nicht mehr verfügbar.

Nur noch ein paar Dutzend Meter sind es bis zum hinteren Teil des Friedhofs, der eine Parkanlage ist, als ihr der Mann wieder einfällt, den sie vor zwei Tagen zwischen den Gräbern bemerkt hat. Natascha schaut sich um. Niemand da. Sie verlässt die Hauptallee und steuert auf die Stelle zu, wo der Mann gestanden ist. Sie zögert zwischen zwei Grabreihen. Er könnte in dieser oder in jener Reihe gestanden sein. Sie entscheidet sich für eine der beiden Reihen, geht langsam an den Grabsteinen vorbei und liest die Inschriften.

Als Erstes fällt ihr der Grabstein eines Ehepaares auf. Beide über neunzig Jahre alt geworden, wobei er nur wenige Wochen nach ihr gestorben ist, möglicherweise, weil er ohne sie nicht weiterleben wollte. Gleich daneben das Grab eines Siebenundvierzigjährigen, vor elf Jahren verstorben. Auf dessen Grabplatte steht eine Vase mit frischen Schnittblumen. Ob der Mann seinetwegen hier war? Sein Bruder vielleicht oder sein bester Freund? Dann hätte er vermutlich in eine andere Richtung geschaut. Natascha begibt sich auf die gegenüberliegende Seite des Pfades, wo die Grabsteine in einem anderen Winkel angeordnet sind. Das erste Grab in dieser Reihe stammt von einer Frau mit italienischem Namen, achtundsechzig Jahre alt geworden. Vielleicht eine Gastarbeiterin, die an Erschöpfung, an unerfüllten Träumen und an Heimweh gestorben ist. Daneben das Grab eines Herbert Schuler, 1932–2015. Natascha stellt sich vor, der Unbekannte sei seinetwegen hier gewesen. Sie schaut zur Hauptallee, an die Stelle, von wo aus sie ihn beobachtet hat. Ja, das könnte das Grab sein, vor dem er gestanden ist. Natascha richtet den Blick zum Himmel, empfindet aber nichts dabei. Was hätte sie auch empfinden sollen? Sie stellt sich vor, jemand würde sie beobachten, wie sie vor einem Grab steht und in den Himmel schaut. Jemand, der in ein paar Tagen an diese Stelle kommen würde, um herauszufinden, weshalb sie jetzt gerade hier steht und in den Himmel schaut. Es ist Zeit, sagt sie sich, weiterzugehen, am Waldrand zu joggen und all die wirren Gedanken abzuwerfen. Viel Zeit bleibt ihr ohnehin nicht mehr. Um sieben ist sie mit Jan verabredet. Sie schaut auf die Uhr, halb fünf, und geht gleichzeitig weiter. Nach wenigen Schritten stolpert sie über einen Stein.

Jan und sie, das ist eine komplizierte Geschichte. Aber eigentlich lässt sie sich auf zwei Worte reduzieren: on und off. Seit ein paar Monaten ist die Beziehung off, und Natascha ist das recht so. Wenn sie ein Paar sind, streiten sie sich dauernd. Dann nörgelt sie an Dingen herum, die sie im Off-Zustand nicht stören, im Gegenteil, sogar faszinieren. Sein Bindungsunwille vor allem, der immer wieder dazu führt, dass Jan, wenn sie seine Nähe sucht, tagelang nicht erreichbar ist und geheimniskrämerisch tut. Je mehr sie sich ihm in solchen Phasen nähern will, desto weiter entfernt er sich. Es verhält sich mit ihnen wie mit Magneten. Treffen sie verkehrt aufeinander, so stossen sie sich gegenseitig ab. Stimmt alles, so steuern sie mit einer Energie aufeinander zu, der sich beide nicht entziehen können. Irgendwann gibt es einen Knall, und sie sind nicht mehr zu trennen. Jedenfalls so lange nicht, bis sich einer von beiden, meistens ist es Jan, abwendet und in eine andere Richtung schaut, woraufhin eine Kraft, die stärker ist als Natascha, beide wieder in verschiedene Richtungen katapultiert. Eine gesunde Beziehung hatten sie nie, denkt Natascha, als sie mit dem Fahrrad zum Lokal fährt, in welchem sie mit Jan verabredet ist. Jan und sie, das ist die vergebliche Suche nach der richtigen Distanz.

Jetzt, im Off, verstehen sie sich bestens und reden über allerlei Dinge. Auch über den Zettel, den Natascha vor wenigen Stunden auf dem Friedhof gefunden hat. Sie legt ihn auf den Tisch. «Schau mal, eine Wegbeschreibung. Sieht aus, als wäre irgendwo auf dem Friedhof ein Schatz vergraben. Nicht?» Jan pfeift anerkennend. «Und hier die Rückseite», fährt sie fort und dreht den Zettel um. «PUNK'S NOT DEAD, Punk forever.» Nun lacht Jan. Die Vorstellung, dass ein Punk auf dem Friedhof einen Schatz vergraben hat, amüsiert ihn. «Vielleicht hat jemand seinen alten Sex-Pistols-Pullover verscharrt», witzelt er. Dann wird er ernst. «Diesen Zettel hast du wirklich auf dem Friedhof gefunden?» – «Ja, er lag unter einem Stein, über den ich gestolpert bin.» – «Was für ein Stein?» – «Ein Stein eben, etwas grösser als meine Faust, rötlich.» – «Und der lag wo?» – «Auf einem Pfad zwischen den Gräbern.»

Jan schaut sich den Zettel genau an, dreht ihn ein paar Mal um, bemerkt, dass die Schrift auf der Vorderseite anders sei als auf der Rückseite, dass sogar der zum Schreiben verwendete Stift auf der Vorderseite ein anderer sei als auf der Rückseite. Er vermutet, dass die Wegbeschreibung von einer Frau stamme und die Punkslogans von einem Jugendlichen. Irgendwann schaut er Natascha an und sagt, dass es sich um eine Nachricht handle, die an sie gerichtet sei. «An mich? Wie meinst du das?» – «Der Stein lag auf deinem Weg. Der Zettel enthält eine Botschaft. Für dich.» – «Bist du in einer esoterischen Phase?» Manchmal hat Jan solche Phasen, erinnert sich Natascha, Phasen, in denen er alles zu interpretieren versucht und jedem Detail viel – nach ihrem Geschmack viel zu viel – Beachtung schenkt. Sie mag diese Seite an Jan nicht. Jetzt, im Off-Modus, kann sie darüber lachen. Sie steht auf, um an der Theke ein Bier zu bestellen. «Willst du auch noch eins?»

Danach wechselten sie das Thema. Als sie später am Abend das Lokal verliessen und zu ihren Fahrrädern gingen, drückte Jan ihr den Zettel in die Hand, den sie auf dem Tisch hatte liegen lassen. «Was soll ich damit?», fragte sie, und er wiederholte, dass der Zettel eine Botschaft enthalte. Er sagte es mit einem durch Alkohol gesteigerten Nachdruck. Und sie lachte lauter als eben noch. «Eine Botschaft aus dem Jenseits», sagte sie und kicherte auch später noch darüber, als sie sich längst von Jan verabschiedet hatte und zu Hause im Bett lag.

Doch jetzt, da sie wieder zwischen den Gräbern wandelt und nach dem Ort Ausschau hält, wo sie den Zettel gefunden hat, wird ihr beim Gedanken daran unheimlich. Sie schaut sich um. Niemand da. Und doch fühlt sie sich beobachtet. Sie hört ein Rascheln in einem Gebüsch, bleibt stehen und sieht, wie zwei Spatzen auffliegen. Als sie beim Grab des Herbert Schuler, 1932–2015, ankommt, nimmt sie den Zettel aus der Tasche und gleicht den Standort mit der Wegbeschreibung ab. Stimmt ungefähr. Doch Natascha kann sich keinen Reim darauf machen, was Herbert Schuler mit Punk zu tun haben könnte. Allenfalls war der Verstorbene von Beruf Lehrer, und einer seiner Schüler hat ihm eine Nachricht hinterlassen. «Punk forever» als Ausdruck einer schulischen Frustration oder Ausruf einer pubertären Rebellion. Die Story wirkt konstruiert. Auch die Jahreszahlen passen nicht. Denn falls Herr Schuler wirklich Lehrer war, so hätte er höchstens bis 1997 unterrichtet. Ein Jugendlicher von heute würde ihn nicht aus der Schule kennen und überhaupt, würde sich kaum für Punk interessieren.

Natascha dreht den Zettel um und schaut sich die Schrift an, mit welcher die Punksprüche geschrieben sind. Nicht unbedingt die Schrift eines Jugendlichen, findet sie. Krakelig zwar, aber das sind viele Schriften heute, da kaum mehr von Hand geschrieben wird. Jan ist diesbezüglich eine Ausnahme. Er schreibt ständig Briefe von Hand, sogar mehrseitige Gesuche um Steuererlass. Seine Schrift ist regelmässig und ausladend. Dass Jan eine krakelige Handschrift für jugendlich hält, will deshalb nichts heissen. Die Punksprüche, davon ist Natascha jetzt überzeugt, könnten auch von einer erwachsenen Person stammen, möglicherweise sogar vom Unbekannten, der ihr vor ein paar Tagen zwischen den Gräbern aufgefallen ist. Vielleicht hinterliess er Herrn Schuler eine Nachricht, nachdem ihm jemand, die Witwe Schuler vielleicht, den Weg zum Grab aufgezeichnet hatte.

Natascha schaut auf den Boden und sucht den Stein, über den sie gestolpert ist. Erst jetzt fällt ihr ein, dass der Stein nicht vor diesem Grab lag, sondern etwas weiter links. Sie ist darüber gestolpert, als sie bereits auf dem Weg zurück zur Hauptallee war. Sie geht auch jetzt in Richtung Hauptallee und steht nach wenigen Schritten vor einem Grabstein aus unverarbeitetem Granit. Natascha liest die Inschrift: «Olivia Céline Buchmüller, 1964–1980, too short to be true». Ein kalter Schauer läuft ihr über den Rücken. 1980, Punk, natürlich!

Der Typ hat also einer Olivia, die seit 38 Jahren tot ist, eine Nachricht hinterlassen? Wie hat er denn ausgesehen?» – «Schwierig zu sagen. Er wirkte verloren. Oder suchend irgendwie. Mir ist er eigentlich nur wegen seiner Jacke aufgefallen, die…» – «Kannst du bitte aufhören, dich zu bewegen?» – «Dann hör du auf, mir…» – «Psst!» Jans Gesichtsausdruck ist verändert. Aus dem Plauderer ist der Maler geworden. Das geschieht jeweils von einer Sekunde auf die nächste. Grund dafür ist meist ein Detail – der Lichteinfall, der stimmt, ein Pinselstrich, der ihm gelingt, oder ihre Pose, die ihm gefällt. Die Muse, die ihn geküsst hat, scherzt sie manchmal. Nicht jetzt. Denn auch sie ist konzentriert. Die Spannung überträgt sich vom Künstler auf das Modell. Sie spürt seinen Blick, der zwischen ihr und der Staffelei hin- und herwandert.

Obwohl Jan ihr am Telefon gesagt hat, er brauche nur ihr Gesicht, weil er eine neue Technik für Porträts ausprobieren wolle, hat sie aus Gewohnheit gleich beim Betreten des Ateliers ihr Oberteil und den Büstenhalter abgestreift. Er schien nicht davon Notiz zu nehmen. Doch jetzt fixiert sein Blick ihre linke Schulter, wandert über ihre Brüste und zurück zur Schulter, als messe er die Proportionen. «Du hast gesagt, nur mein Gesicht.» – «Psst!» Natascha redet weiter, bis Jan den Pinsel senkt, sie anschaut und wartet. Schweigend führt sie ihre beiden Hände zum Mund, benetzt ihre Finger, fährt mit den nassen Fingern über ihre Brustwarzen, kreist dabei ein paarmal und spürt, wie sie hart werden. Dann klemmt sie die Brustwarzen zwischen Daumen, Zeig- und Mittelfinger und zieht daran, bis sie die Form haben, von der sie weiss, dass sie Jan gefällt. Anschliessend nimmt sie ihre Pose wieder ein und atmet tief durch. Jan, der sie dabei beobachtet hat, hebt den Pinsel wieder an und sagt: «Sehr schön, bleib genau so!»

So fing vor dreieinhalb Jahren ihre erste On-Phase an. Sie waren sich davor mehrmals begegnet, mit dem Velo am Fluss, beim Einkauf im Quartierladen oder im Café neben der Post. Die Begegnungen fanden immer wochentags zu Bürozeiten statt, was ihr nicht aufgefallen war, ihm aber schon, denn er fand, dass sie nicht wie jemand aussah, der wochentags zu Bürozeiten frei war für eine Velofahrt am Fluss, einen Einkauf im Quartierladen oder einen halben Vormittag im Café neben der Post. Sie war der Typ Mensch, fand er, der wochentags zu Bürozeiten beschäftigt war mit wichtigen Angelegenheiten. Er hatte deshalb angefangen, sie zu beobachten. «Du hast mir nachspioniert?», fragte sie ihn irritiert, als er ihr das später erzählte. «Nein, nur beobachtet habe ich dich. Ich bin dir nie gefolgt, habe mir aber gemerkt, wann ich dir wo begegne. Ich stellte rasch fest, dass du kein Muster, ergo keinen Alltag hast.» Und genau das machte sie für ihn interessant. Eine Frau, die an den Fluss Velo fahren ging, wann sie gerade Lust dazu hatte. Montagmorgen, Dienstagmittag, Donnerstagnachmittag. Sie wirkte komplett frei. Keine Arbeit, keine Kinder, kein Mann.

Natascha hatte ihn auch bemerkt. Sie hätte auf Künstler, vielleicht auch auf Langzeitstudent getippt, wenn sie sich über seine Tätigkeit Gedanken gemacht hätte. Aber sie nahm ihn nur beiläufig wahr, etwa so, wie sie den betagten Mann im dritten Stock ihres Wohnhauses wahrnahm oder die Frau mit den zwei Kindern im Haus gegenüber. Jan interessierte sie nicht speziell. Jedenfalls bis zu jenem Moment nicht, als er sie ansprach und sie betrachtete, als würde nur sie existieren. Sein Blick war intensiv, genauso wie das Gespräch, in das er sie verwickelte. Das war an einem Morgen im Spätsommer, kurz nach ihrem Dreissigsten, im Café neben der Post. Von dort war es ein kurzer Weg in sein Wohnatelier.

«Ich muss bald los.» – «Unmöglich.» – «Dann brauche ich wenigstens eine Pause.» Natascha löst sich aus ihrer Pose und streckt sich, bevor sie sich nach vorne beugt, mit den

Fingerspitzen den Boden berührt, sich wieder aufrichtet und ihre Schultern schüttelt. Modell stehen ist anstrengend. Das hat sie Jan schon oft gesagt, wenn er sie stundenlang abzeichnen wollte, ihr keine Pausen gewährte oder unbequeme Posen ausprobierte. Am schlimmsten ist es im Winter, wenn er das Atelier nicht richtig heizt, um Geld zu sparen.

Jan ist noch immer an der Staffelei beschäftigt und schaut nicht auf, als sie an ihm vorbei zu ihrer Tasche geht, um nachzusehen, ob sie eine Nachricht erhalten hat. «Und?», ruft er über die Schulter. Er kennt ihren Stress mit der ständigen Verfügbarkeit. «Nichts. Ich kann noch eine halbe Stunde bleiben. Danach muss ich los.» – «Auch wenn du nichts los hast?» – «Vielleicht habe ich sonst was los.» Unter dem Tisch, neben dem ihre Tasche liegt, hat sie die Skizze einer Frau bemerkt, die sie nicht kennt. Deshalb das Vielleicht-habe-ich-sonst-was-los. Natascha weiss, dass Jan hin und wieder andere Frauen malt, was sie aus künstlerischer Sicht nachvollziehen kann. Trotzdem hasst sie es, wenn sie entsprechende Bilder sieht. Auch dann, wenn Jan und sie im Off-Modus sind.

Jan dreht sich zu ihr um, schaut sie prüfend an und schweigt. Als sie an ihm vorbei zurück an ihren Platz gehen will, streckt er eine Hand nach ihr aus und zieht sie an sich, bis ihr Gesicht so nahe vor seinem ist, dass sie Jans Atem auf ihrer Nasenspitze spürt. Warmfeuchte Luft, in der sie eine Kaffeenote ausmacht. Ihre Angespanntheit weicht. Ihr Widerstand auch. Sie schliesst die Augen und öffnet leicht den Mund. Hastig gleitet seine Zunge zwischen ihre Lippen und wieder raus, dann lässt er ihren Arm los. Natascha verliert das Gleichgewicht, taumelt. Er fängt sie auf und beugt sich vor, um an ihren Brustwarzen zu saugen, bis sie hart sind und nass. Danach wendet er sich der Staffelei zu, und sie nimmt ihre Pose wieder ein.

Als das Flugzeug für den Abflug beschleunigt, schaut Natascha aus dem Fenster. Sie spürt, wie sie in den Sitz gedrückt wird, und geniesst die Kraft, die auf sie einwirkt. Plötzlich verändern sich die Linien und Kanten der Gebäude entlang des Flugfeldes. Was soeben noch horizontal war, wird diagonal. Und kleiner. Weitere Gebäude werden sichtbar und noch mehr und mehr, ein ganzes Häusermeer, in welchem Natascha nach ihrer Wohnung sucht. Sie erkennt den Friedhof, der aus der Vogelperspektive eine grosse Grünfläche ist, und versucht, von dort den Weg zu ihrer Strasse auszumachen. Doch schon bald entfernt sich alles: ihre Wohnung, das Quartier, die Stadt. Und Jan. Zum Glück auch Jan.

Mit ihm ist sie in den letzten Wochen in eine Zwischenphase gerutscht. Weder off noch on. Nicht mehr off und nicht wirklich on. Es ist diejenige Phase, in welcher alles zu stimmen scheint, sie voneinander angezogen werden wie zwei Magnete, die in der richtigen Position zueinander stehen und keine Chance haben, sich gegen die Kraft, die auf sie einwirkt, zu wehren. Diese Dringlichkeit, mit der sie plötzlich aufeinander zusteuern. Diese Wucht, mit der sie aufeinanderprallen, sich losreissen, um wieder aufeinanderzuprallen und wieder. Dagegen kommt Natascha nicht an, auch mit rationalen Überlegungen nicht, die sie sich in den letzten Monaten zurechtgelegt hatte.

Es ist diese Wucht, mit der sie sich begegnen, die Jan beim Malen inspiriert. Sie weiss es von früheren solchen Phasen. Die Magnetphasen, wie Natascha sie nennt, sind Jans kreativste Zeiten. Ihr aktueller Beziehungsstand überträgt sich immer auf sein Kunstschaffen, aber keiner so überwältigend wie die Magnetphase. Nataschas Auge ist geschult, und sie erkennt in Jans Pinselstrichen den Blick, den er auf sie wirft. Sie sieht, ob er liebevoll ist, leidenschaftlich oder abgekühlt. Jan malt sie mit derselben Intensität, mit der er sie anschaut.

Nie gleichgültig, immer emotionsbeladen. Das ist Jan. Deshalb begehrt sie ihn. Und deshalb verachtet sie ihn.

Bei einem Treffen vor zwei Wochen stritten sie sich. Er warf ihr vor, zu spät von ihrer bevorstehenden Abreise erfahren zu haben. Sie hätte ihm das früher sagen müssen, behauptete er, damit er anders hätte planen können. Er sei in einer wichtigen Schaffensphase, bereite eine Ausstellung vor und brauche sie. Brauche sie als Modell. Sie habe die Reise mehrmals erwähnt, entgegnete sie. Doch er habe einfach nicht zugehört, sei mit seinem Kopf wohl woanders gewesen. Damit spielte sie auf die Skizze an, die sie am Boden bemerkt hatte. Jan verstand, sagte aber nichts. Schon bei ihrem nächsten Besuch im Atelier war die Skizze verschwunden. Vermutlich hatte Jan sie zurück in eine der Mappen gelegt, die er auf dem Tisch stapelt. Er weiss, dass Natascha nicht in seinen Mappen wühlt. Denn sie will solche Bilder nicht sehen, einfach nicht sehen.

Sie lenkte ein und war bereit, vor ihrer Abreise die Frequenz der Sessionen zu erhöhen. In den letzten beiden Wochen verbrachte sie fast jeden zweiten Tag ein paar Stunden bei Jan im Atelier. Gestern Nachmittag noch hat er sie für eine Stunde zu sich gerufen, um sie zu fotografieren, damit er während ihrer Abwesenheit wenigstens mit Fotomaterial würde arbeiten können. Sein eigentlicher Beruf ist Fotograf, weshalb auch diese Session länger dauerte, als er angekündigt hatte. Gestrichene drei Stunden probierte er verschiedene Objektive, Lichtquellen, Schirme, Blitztechniken und Belichtungszeiten aus, bis alles so war, wie es ihm gefiel. Während der Sessionen baut sich zwischen ihnen eine Spannung auf, die sie fast nicht aushält. Eine Elektrizität, wie er es nennt, die bei Natascha einmalig sei und ihn verrückt mache. Im Unterschied zu ihr kann er diese Energie künstlerisch verwerten. Bei Natascha hinterlassen diese Begegnungen oft eine Leere.

Vor allem, wenn sie weder off noch on sind und trotzdem miteinander schlafen.

Das Rumpeln hat aufgehört. Durch das Fenster schaut Natascha auf die dichte Wolkendecke hinunter. Darüber ist der Himmel blau. In der Ferne sieht sie ein Flugzeug auf gleicher Höhe. Ob es sich nähert oder entfernt, ist nicht zu erkennen. Sie hört einen Signalton und sieht, dass das Fasten-Seat-Belt-Zeichen erloschen ist. Auf Russisch wendet sie sich an ihre Sitznachbarin und bittet diese um Durchlass. Bevor sie zu den Toiletten am Flugzeugheck geht, macht sie ein paar Schritte in die andere Richtung, zu ihren Schäfchen, wie sie die Teilnehmer ihrer Reisegruppe jeweils nennt.

Elf Personen gehören dieses Mal dazu: drei Ehepaare, zwei Schwestern, zwei Freunde und eine Frau, deren Partner sich kurzfristig abgemeldet hat. Weshalb, weiss Natascha nicht. Wahrscheinlich wird sie es im Verlauf der Reise erfahren, denn oft weiss sie nach einer Reise einiges über ihre Schäfchen, manchmal mehr, als ihr lieb ist. Die erste Begegnung am Flughafen fand sie angenehm. Alle waren pünktlich und hörten ihr aufmerksam zu. Die meisten wirkten etwas reserviert zwar, aber das ist nicht weiter ungewöhnlich zu Beginn einer Reise, wenn sich die Teilnehmenden noch nicht kennen. Das wird sich bald ändern. Eine Gruppenreise ist wie eine Wundertüte, die sich in den ersten Tagen langsam öffnet und Überraschungen preisgibt. Meistens schöne, selten unangenehme. Wirkliche Nieten hatte Natascha noch nie und erwartet auch jetzt keine. Armenienreisende sind in der Regel unkompliziert, eher etwas älter und reiseerfahren, fit, kulturinteressiert und selbstständig. Selbstständig, nicht wie die anstrengende Gruppe, die Natascha letztes Jahr kurzfristig, weil eine Kollegin ausgefallen war, nach Wien begleiten musste und sich dabei wie eine Babysitterin vorkam.

Gewisse Reisegäste beanspruchen sie manchmal schon auf dem Hinflug derart, dass Natascha erschöpft am Reiseziel ankommt und aufpassen muss, dass sie im Umgang mit den Gästen respektvoll bleibt. Sie hat sich deshalb angewöhnt, ihren Sitzplatz beim Einchecken am Tag vor der Abreise online zu ändern, um auf dem Flug etwas abseits der Gruppe zu sitzen. Wenn es Fragen gibt, ist sie da, aber sie will nicht, dass es nur deshalb Fragen gibt, weil sie da ist. Sässe sie schon jetzt, im Flugzeug, inmitten ihrer Reisegruppe, würde sie mit Fragen überhäuft, deren Antworten weitere Fragen nach sich zögen, und die Fragerei hätte kein Ende. «Wie lange dauert die Fahrt vom Flughafen bis zum Gästehaus?», «Wo essen wir heute Abend?», «Gibt man in armenischen Restaurants Trinkgeld?», «Heisst die Hauptstadt eigentlich Eriwan oder Jerewan?», «Gehören ausser Armenien und Georgien noch andere Länder zum Kaukasus?», «Welche?», «Wie schätzen Sie die Auswirkungen der Revolution auf die Wirtschaft ein?», «Wie auf das Verhältnis zu Russland?», «Was sind die typischen Souvenirs aus Armenien?», «Wie gross ist das Erdbebenrisiko?», «Wie steht es mit der Kriminalität?», «Wie mit der Armut?», «Und Bergkarabach?», «Wie viel kostet ein Telefongespräch in die Schweiz?».

Einige dieser und viele andere Fragen wird Natascha auf der Fahrt vom Flughafen zum Gästehaus klären. Sie will es gebündelt tun und nicht individuell. Das sagt sie gerade einer der beiden Schwestern, die wissen möchte, wann sie wo Geld wechseln könne. Mit ihren achtundsiebzig Jahren ist sie die Älteste der Gruppe, weshalb sich Natascha verpflichtet fühlt, die Frage trotzdem zu beantworten: «Gleich neben dem Gästehaus gibt es eine Wechselstube, die bis acht Uhr geöffnet ist.» Die Frau nickt und lächelt ihr dankbar zu. Dabei bewegt sich ihr Kopf etwas unkontrolliert, was wie ein Zittern aussieht und Natascha bekannt vorkommt. Ihr dämmert. «Kennen wir uns nicht von einer Reise?» – «Doch.» – «Waren Sie letztes

Jahr in Wien mit dabei?» – «Genau!» – «Linda, nicht wahr?» – «Dass Sie sich erinnern!» Ihre Schwester, die «in Wien leider nicht dabei war», erklärt, dass Linda begeistert gewesen sei und deshalb dieses Jahr wieder an einer von Natascha geleiteten Reise habe teilnehmen wollen. Linda fügt an: «So weit im Osten war ich noch nie. Meine erste Reise hinter den Eisernen Vorhang sozusagen!»

Das Gekicher des Geschwisterpaars heitert Natascha auf, obwohl sie befürchtet, dass die beiden sie mehr in Anspruch nehmen werden, als sie es von Armenienreisenden gewohnt ist. Sie legt eine Hand auf Lindas Schulter und schaut sich nach den anderen Schäfchen um. Zwei dösen, drei lesen, zwei reden. Eine Frau, die dem Gespräch mit den Schwestern zugehört hat, zwinkert Natascha zu. Einer fehlt. Gemäss Unterlagen ist die Gruppe auf drei Reihen verteilt. Doch hier ist er nicht. Natascha sucht mit den Augen die anderen Reihen ab. Fünf oder sechs Reihen weiter hinten sieht sie ihn schliesslich, wie er aus dem Fenster schaut. Er ist der ältere der beiden Männer, die sich gemeinsam angemeldet haben. Auch er scheint seinen Sitz am Vorabend online umgebucht zu haben. Dass er nicht neben seinem Reisepartner sitzt, ist hoffentlich kein schlechtes Zeichen, denkt Natascha und nickt ihm aufmunternd zu, als er zu ihr schaut. Danach verabschiedet sie sich von den Schwestern und geht zum Flugzeugheck.

In der kleinen Toilette schaut sie ihr Spiegelbild an. Noch hat sie Mühe, darin eine Reiseleiterin zu erkennen, die für elf Personen verantwortlich ist. Sie muss sich erst wieder an diese Rolle gewöhnen. Daran auch, dass sie nicht unbeobachtet in ihrer kleinen Dachwohnung ist. Und nicht halbnackt in Jans Atelier posiert. Die nächsten zehn Tage wird sie organisieren, führen, dolmetschen, Auskünfte erteilen, Fragen beantworten und Entscheide fällen. Sie wird verlangt werden, rund um die Uhr zur Verfügung stehen. Und was sie sagt, wird Gewicht haben, später anderen erzählt, in Reiseberichte aufgenommen, vielleicht sogar in Zeitungsartikeln erwähnt. Bisweilen ist sie auch Projektionsfläche. Die Reisegäste sind fasziniert, weil Natascha das Land und viele Leute kennt. Sie vergessen, dass es ihre Arbeit ist, verwechseln den eigenen Ferienmodus mit Nataschas Freundlichkeit, vermischen auch sonst allerlei und missverstehen die Nähe, die sie zulässt. Sie merkt es meist sofort, wenn sich jemand mehr für ihre Person als für die Reise interessiert. Sie kennt die entsprechenden Blicke und weiss, wie damit umgehen. Es gibt auch Reisegäste, die sie nicht auf Anhieb einordnen kann. Sie denkt an den Mann, der etwas abseits sitzt: Was ging ihm durch den Kopf, als er aus dem Fenster schaute, und was, als er zu ihr schaute? Sie wird es bald wissen. Denn sie wird auf solchen Reisen nicht nur beobachtet. Sie beobachtet auch selbst.

Der erste Tag einer Gruppenreise verläuft meistens ähnlich. Auch wenn Natascha die Fragen zu kanalisieren versucht, brechen sie irgendwann durch, beim Anstehen vor der Passkontrolle, beim Warten auf das Gepäck oder später, beim Abendessen. Auch die Fragen zu ihrer Person, deren Antworten sie am liebsten gleich zu Beginn der Reise herunterleiern würde: «Nein, ich bin nicht Armenierin», würde eine davon lauten. Und: «Ja, ich spreche Russisch. Nein, Armenisch verstehe ich nicht. Ich kann nicht einmal die Schrift lesen. Richtig, das sind zwei verschiedene Sprachen. Und zwei verschiedene Schriften. Stimmt, Natascha ist ein russischer Name. Ich bin trotzdem keine Russin. Nein, auch meine Grosseltern stammen nicht aus Russland. Aber ich habe einen russischen Gastbruder, ein Austauschstudent, der in meiner Kindheit ein Jahr bei uns gelebt hat. Durch ihn habe ich angefangen, Russisch zu lernen.»

Für Natascha wird eine Reise erst interessant, wenn diese Vielzahl immer gleicher Fragen beantwortet ist und sich das

Gefüge der Gruppe etwas lockert. Dann wühlt sie in der Wundertüte, entdeckt einiges, lernt so manches, erlebt viel und stösst bei alledem auf Geschichten. Einige dieser Geschichten hält sie unterwegs in einem Notizbuch fest. Dabei entstehen kleine Texte, die Natascha, wenn sie wieder daheim ist, abtippt und überarbeitet. «Aufzeichnungen einer Reiseleiterin» lautet der Arbeitstitel dieser Textsammlung, von der niemand weiss, auch Jan nicht, obwohl er ihr schon oft nahegelegt hat, ihre Beobachtungen festzuhalten. «Systematisch», sagte er einmal mit Nachdruck. Das Wort hallte lange nach. SYSTEMATISCH. Es klang, als hätte es Jan grossgeschrieben. Grossgeschrieben, wie er alles, das mit Kunstschaffen zu tun hat, grossschreibt. Dass er ihre Schreibversuche, die er zu erahnen schien, genauso grossschrieb wie seine eigenen Projekte, irritierte sie. Ihr Geschreibsel Kunst? Sie fand den Gedanken absurd, ging aber noch gleichentags ihre Textsammlung durch und versuchte zum ersten Mal, sie zu strukturieren. Nicht chronologisch, sondern thematisch.

Eines der dabei entstandenen Kapitel heisst «Durchhänger». Denn sie gibt es auf jeder Reise: Tage, an denen nicht alles klappt, und Tage, an denen jemand erkrankt. Momente, in denen bei den Reisegästen das Interesse am Land abklingt, weil eine Kirche der anderen ähnelt und das sorgfältig zusammengestellte Programm plötzlich wie eine Liste von Erledigungen aussieht, die es abzuhaken gilt. Solche Tiefpunkte haben meistens mit einer Übersättigung an Eindrücken zu tun und können nicht gänzlich vermieden werden. Doch Natascha versucht, bei der Planung mit der Reiseagentur ihre Erfahrung einfliessen zu lassen, streicht auch mal eine historisch bedeutsame Kirche aus dem Programm und baut stattdessen einen freien Halbtag ein, damit die Teilnehmer eine Stadt oder eine Gegend auf eigene Faust entdecken und so das Land hautnah erleben können. Sie mag aktive Reisegäste, die sich interessiert zeigen und Initiative ergreifen, anstatt nur den Daumen nach oben oder nach unten zu drehen, je nachdem, ob ihnen ein Ausflug gefallen hat oder nicht.

Beim Abendessen in Eriwan setzt sich Natascha der allein reisenden Frau gegenüber und schaut sich um. Frau Bachmann sitzt Herrn Bachmann gegenüber, daneben Herr und Frau Luginbühl, Marcel und Paul, Linda und ihre Schwester, das Ehepaar Schmidt. Natascha spricht die Namen laut aus, um sie sich zu merken, dann sagt sie zu ihrem Gegenüber: «Und Sie sind Frau Moser.» – «Ich bin Rita. Wir können uns doch Du sagen?» – «Klar. Mit Marcel und Paul bin ich auch per Du, die beiden sind ja in meinem Alter. Linda spreche ich zwar mit dem Vornamen an, weil sie es so wünscht, aber duzen kann ich sie nicht. Sie ist weit über siebzig. Auch alle anderen Reisegäste sind im Rentenalter. Nur du, Rita, fällst in die Altersgruppe dazwischen.» – «Ja», bestätigt diese. «Ich falle wohl auch sonst etwas aus der Reihe.» – «Wie meinst du das?» – «Eigentlich sollte mein Partner mit dabei sein. Aber bei ihm wurde vor zwei Wochen ein Krebs diagnostiziert.» – «Das ist schrecklich!», ruft Natascha, woraufhin Rita fast in Tränen ausbricht, sich aber rasch wieder fasst und weiterredet. Nach dieser Diagnose habe er seine Reise nach Armenien annulliert und auch sie habe das tun wollen. Doch ihr Partner habe darauf bestanden, dass sie sich ohne ihn auf die Reise begebe und für ihn alles fotografiere und aufschreibe, damit er später durch ihre Erzählungen daran teilnehmen könne. Denn er habe sich sehr auf die Reise gefreut. Sie habe ihm zuliebe eingewilligt und sei jetzt hier, mit Fotoapparat und Schreibblock im Gepäck. Aber eigentlich, schliesst Rita, wolle sie gar nicht länger darüber reden. Sie habe ihr das nur erzählt für den Fall, dass sie die Reise nicht durchhalte und vorzeitig abbreche. «Natürlich», sagt Natascha. «Das würde ich verstehen. Aber ich hoffe sehr, dass du die Reise trotzdem geniessen kannst und dir etwas Ablenkung guttun wird. Die letzten zwei Wochen waren gewiss sehr anstrengend.»

Natascha denkt an ihre eigenen letzten zwei Wochen, und daran, dass auch ihr etwas Ablenkung guttun wird.

Am Nachmittag des nächsten Tages verlässt die Reisegruppe die Hauptstadt und fährt in einem Kleinbus in Richtung Nordwesten. Artiom sitzt am Steuer, Natascha auf dem Beifahrersitz. Als die letzten Vororte hinter ihnen liegen und der Verkehr flüssig wird, beschleunigt Artiom und sagt: «Natascha Dschan, kannst du bitte das Fenster schliessen?»

Natascha Dschan. Wie hat sie diese Anrede vermisst! Dieses Dschan, das in Armenien liebevoll hinter den Vornamen gestellt wird, um Zuneigung auszudrücken. Dschan heisst wörtlich übersetzt Seele, und Natascha kommt es vor, als hauche der Sprecher einem Namen, der ihm besonders am Herzen liegt, mit dem Wort Dschan Leben ein. Natascha Dschan. Wie eine kleine Aufmerksamkeit klingt dieses Dschan, das einem Vornamen mit auf den Weg gegeben wird und jeden Satz, jede Frage, jede Bitte angenehm gestaltet. Während sie das Fenster hochkurbelt, geht sie in Gedanken ihre armenischen Dschans durch: Mariam Dschan, Tigran Dschan, Naira Dschan, Alexei Dschan, Alioscha Dschan... und neu: Artiom Dschan.

«Artiom Dschan, sag das bitte noch einmal.» – «Was?» – «Ach, nichts.»

In Gedanken geht Natascha auch ihre anderen Dschans durch. Mami Dschan, Paps Dschan, Schwester Dschan. Auch Jan Dschan. Da sich Dschan auf Englisch jan schreibt, könnte man meinen, Jan Dschan ergäbe im englischen Schriftbild ein Jan jan. Die Vorstellung ist schön und es klingt auch gut, Jan Dschan. Spräche man Jan wie jan [dschan] aus, dann wäre es sogar Dschan Dschan, somit Jan ein Doppeldschan, einer, der sich von allen anderen Dschans abhöbe. Der Zauber ist, wenn Natascha daran denkt, immer nur von kurzer Dauer, denn aus der Sicht einer Übersetzerin wäre diesfalls auch Jan ins Englische zu übertragen. Das ergäbe John jan [dschon dschan], was Jan in nichts von den anderen Dschans unterscheiden würde, ausser, dass die Anrede chinesisch und nicht mehr armenisch klänge. Natascha hat es in Gedanken oft durchgespielt: Entweder Jan Dschan oder John jan [dschon dschan], sie kann es drehen und wenden, wie sie will, zu einem Doppeldschan, einem Dschan Dschan, wird Jan nie. Jan ist ein Dschan wie alle anderen.

Mit Artiom hat Natascha noch nie gearbeitet. Er wurde ihr von einer Kollegin empfohlen, nachdem der bisherige Fahrer eine Festanstellung gefunden hatte und für Reisen nicht mehr zur Verfügung stand. Gestern am Flughafen noch hat Artiom sie gesiezt. Und jetzt, innerhalb von vierundzwanzig Stunden, ist er zu einem Du und zur Anrede Dschan übergegangen. Als sei Natascha eine der Seinen. Natascha Dschan. Es klingt in ihren Ohren wie ein Willkommensgruss.

Zufrieden drückt sie sich in den Beifahrersitz und schaut geradeaus. Vor ihnen zeichnet sich der Vulkan Aragaz ab, an dessen Südhang die Reisegruppe heute übernachten wird. In der Nähe des Hotels befindet sich eine Sternwarte, deren Besuch nach dem Abendessen auf dem Programm steht. Der Ort liegt auf eineinhalbtausend Metern über Meer, und Natascha hofft, dass sich die Gruppe rasch an die Höhe gewöhnt. Denn morgen geht die Fahrt weiter bis zum Karisee auf über dreitausend Metern. Von dort ist Natascha vor ein paar Jahren auf einen der Gipfel des Vulkans gewandert. Sie denkt daran, wie sie damals neben dem Gipfelkreuz stand und überwältigt war von all den Farben, die im Kraterinneren auszumachen waren. Viele Erinnerungen verbindet sie mit dem Ort. Geschichten, die jetzt alle in ihr hochsprudeln, als wären sie Lava und der Vulkan wieder aktiv. Sie freut sich auf neue Erlebnisse, an die sie später ebenfalls als Erinnerungen zurückdenken wird. «Die Reise kann losgehen», sagt sie halb zu sich, halb zu Artiom, der gerade eine CD von Charles Aznavour einlegt.

Einen Tag nach dem Ausflug zum Karisee befindet sich die Reisegruppe in Gjumri, der zweitgrössten Stadt Armeniens, wo ein freier Nachmittag eingeplant ist. Für Natascha sind freie Halbtage nicht unbedingt frei. Manchmal gibt es mehr zu tun, die Reisegäste über mögliche Aktivitäten zu beraten und individuelle Ausflüge zu organisieren, als mit der ganzen Gruppe an einen Ort zu fahren. Fast immer will jemand den freien Halbtag nutzen, um eine Erledigung zu tätigen, für die er Nataschas Hilfe braucht. Um für solche Fälle zur Verfügung zu stehen, setzt sie sich nach dem Mittagessen mit ihrem Laptop in der Hotellobby auf einen Sessel, geht ihre Mails durch und beobachtet nebenbei ihre Schäfchen.

Herr und Frau Schmidt winken ihr zu, gehen zum Empfang, bestellen ein Taxi und warten anschliessend vor dem Hotel. In Gedanken hakt Natascha zwei Personen ab. Linda und ihre Schwester, beide mit Sonnenhütchen, kommen kurz darauf aus dem Lift, sehen das Ehepaar Schmidt vor dem Hotel stehen und gesellen sich zu ihnen, scheinbar, um die Nachmittagspläne zu diskutieren. Hoffentlich, denkt Natascha, steigen die Schwestern mit dem Ehepaar Schmidt ins Taxi, dann blieben nur noch sieben. Einige Minuten später durchquert Marcel die Lobby in Richtung Lift. Dabei stösst er auf Rita, die vom Lift zur Bar geht. Die beiden tauschen ein paar Worte, und Natascha nimmt an, dass Rita einen Kaffee trinken geht und sich danach mit den beiden Jungs trifft.

Die beiden Jungs, wie Natascha die zwei Männer in Gedanken nennt, sind das jüngste Paar der Reisegruppe. Marcel ist gleich alt wie sie, 34, Paul etwas älter, 42. Beide sehr zuvorkommend und interessiert. Vor allem Paul, der etwas konservativer wirkt als Marcel und zu kaschieren versucht, dass sie ein Paar sind. Gestern Abend, als die Reisegruppe in einem Saal des Hotels den in Gjumri gedrehten Film «Der Tango unserer Kindheit» schaute, beobachtete Natascha, wie Marcel den Arm um Paul legte, wie dieser zusammenzuckte, sich vorsichtig aus der Umarmung schälte, Marcels Hand auf dessen Bein legte und mit dem Stuhl etwas von ihm wegrückte. Beide lachten und wirkten irgendwie glücklich. Natascha sass als Einzige hinter ihnen und tat so, als habe sie nichts bemerkt.

Auch die Ehepaare Luginbühl und Bachmann haben zwischenzeitlich das Hotel verlassen. Linda und ihre Schwester sind in die Lobby zurückgekehrt und haben Natascha vermutlich nicht bemerkt, sonst würden sie sich kaum selbstständig an den Empfang wenden. Keine der beiden Schwestern spricht Englisch. Natascha stellt den Laptop auf den kleinen Tisch neben ihrem Sessel und erhebt sich, um zu helfen. In diesem Moment kommen Marcel und Paul die Treppe herunter, durchqueren die Lobby in Richtung Ausgang und wünschen beim Vorbeigehen einen schönen Nachmittag. Natascha erklärt Linda, dass sie gleich zurück sei, und eilt den beiden Jungs hinterher. Sie holt sie vor dem Hotel ein, legt eine Hand auf Pauls Schulter und fragt: «Könnt ihr nicht Rita mitnehmen?» Beide wirken überrascht. «Entschuldigt bitte. Ich verstehe natürlich, wenn ihr auch mal allein sein wollt. Nur, ich weiss, dass diese Reise für Rita schwierig ist, und ich möchte nicht, dass sie allein ist.» Sie schaut Paul an, dessen Blick forschend über ihr Gesicht gleitet. «Aber eigentlich», fährt Natascha fort und lässt Pauls Schulter jetzt los, «kann ich auch selber etwas mit Rita unternehmen.» Paul reagiert nicht, sondern mustert immer noch ihr Gesicht, als würde er sie zum ersten Mal sehen, als würde er sie erst jetzt, da sie ihn an der Schulter berührt hat, überhaupt zur Kenntnis nehmen. In seinen Mundwinkeln glaubt sie ein leichtes Lächeln zu erkennen. Doch sagen tut er nichts. Sie schaut deshalb zu Marcel, der umgehend reagiert: «Keine Frage. Wo ist Rita?» Zu dritt gehen sie in die Lobby zurück, und während Marcel in die Bar eilt, um Rita zu suchen, ruft Natascha auf ihrem Computer die Adresse der Kunstgalerie ab, welche Linda und ihre Schwester besuchen wollen. Paul schaut ihr dabei über die Schulter.

Wenig später stehen Rita und Natascha mit den beiden Jungs vor dem Hotel. Marcel faltet den Stadtplan auf, den Natascha ihm überreicht hat mit der Erklärung: «Ich habe heute Nachmittag frei und führe keine Gruppe. Du als Architekt kennst dich mit Plänen sowieso besser aus.» Marcel ernennt Rita zu seiner Co-Führerin, woraufhin die beiden lachend vorausgehen. Paul und Natascha folgen ihnen schweigend.

Natascha überlegt, wie sie an das kurze Gespräch anknüpfen könnte, das sich gestern während der Führung durch eine sowjetische Forschungsstation ergeben hat. Die Station liegt neben dem Karisee in einer Landschaft, welche Rita auf der Hinfahrt immer wieder als «überwältigend» und «grandios» bezeichnet hatte. Aus dem Busfenster hinaus hatte Herr Bachmann die Wohnwagen der jesidischen Bauern fotografiert, deren Schafe auf den Weiden rechts und links der Strasse grasten. Die Reisegruppe wäre wohl lieber draussen in der Natur geblieben, als sich mit der Erforschung kosmischer Teilchen zu beschäftigen, dachte Natascha bei der Begrüssung durch den ehemaligen Direktor, der am Tor zum Forschungsgelände auf sie wartete. Doch Marcel war begeistert vom Sowjetgebäude aus den Vierzigerjahren mit all den kuriosen Labors und dem Wirrwarr an Kabeln und Geräten, von denen ein Grossteil nicht mehr in Betrieb ist. Herr Luginbühl interessierte sich für die Geschichte des Ortes. Und Paul erkundigte sich beim ehemaligen Direktor nach technischen Details, die Natascha verblüfften. Ob er einen technischen Beruf ausübe, fragte sie ihn deshalb, als sie dicht hintereinander durch einen der engen Korridore im zweiten Untergeschoss gingen. «Überhaupt nicht», antwortete Paul. «Ich bin Wirtschaftsanwalt.» – «Nein, wirklich? Ich habe auch Jus studiert.» – «Nein, wirklich?» Wenige Meter weiter vorne versammelte sich die Gruppe in einem Raum, und Natascha musste dolmetschen.

«Du bist also Wirtschaftsanwalt?», fragt Natascha nun, um das Schweigen zu brechen. Doch der kurze Austausch vom Vortag lässt sich nicht so leicht in einen Gesprächsanfang umwandeln, stellt sie fest, als Paul auf ihre Bemerkung, er sei also Wirtschaftsanwalt, antwortet: «M-hm. Und du Juristin?» – «M-hm.» Das führt nirgendwohin, denkt sie und versucht, den Schritt zu beschleunigen, um Rita und Marcel einzuholen. Die beiden scheinen sich gut zu unterhalten. Rita schaut beim Gehen immer wieder lachend zu Marcel, der nonstop redet und dabei wild gestikuliert. Doch Paul behält sein Tempo bei und fragt: «Und warum arbeitest du nicht als Juristin?» – «Jus und ich, das ist eine komplizierte Geschichte.» – «Erzähl!»

Natascha hat eigentlich keine Lust, einem Wirtschaftsanwalt zu erzählen, dass sie Recht mit Gerechtigkeit verwechselt hat. Und tut es trotzdem. Sie holt aus bei ihrem Praktikum am Gericht, wo sie mit Fällen zu tun hatte, die aus formellen Gründen nicht so entschieden wurden, wie es ihrem Gerechtigkeitssinn entsprach. Einmal war der im Rahmen eines Prozesses festgestellte Sachverhalt so weit von dem entfernt, was sie für die Wahrheit hielt, dass sie sich am liebsten geweigert hätte, das entsprechende Urteil zu verfassen. «Aber als Praktikantin geht das natürlich nicht», schliesst sie ihre Erzählung. «Danach hatte ich überhaupt keine Lust mehr, je als Juristin zu arbeiten.»

Paul hat ihr aufmerksam zugehört. Zu ihrer Überraschung geht er auf das Thema ein, indem er fragt: «Den Monstervortrag über Gerechtigkeit und Recht hast du doch bestimmt gelesen?» – «Zu spät.» – «Bei uns gehörte das Buch zur

Pflichtlektüre.» – «An der Uni?» – «Nein, im Gymi.» – «Unser Deutschlehrer war eher Frisch, nicht Dürrenmatt.» – «Verstehe. Gibt es denn keine Rechtsgebiete, die deinem Gerechtigkeitssinn entsprechen? Öffentliches Recht vielleicht? Menschenrechte?» – «Gewiss», räumt Natascha ein. Und erklärt, dass sie als Juristin auch einfach keinen Ehrgeiz habe und überdies ihre Freiheiten brauche, nicht in einen Arbeitsalltag gepfercht sein wolle und gern unterwegs sei. Deshalb passe ihr die Tätigkeit als Reiseleiterin. «Das machst du auch wirklich gut», findet er. Woraufhin sie: «Danke. Ich wollte eigentlich nicht nach Komplimenten fischen.»

Natascha ist das Gespräch unangenehm, weil es ihr vorkommt, als suche Paul nach einer Tätigkeit, die sie stärker herausfordern würde als diejenige, die sie aktuell ausübt. Um von sich abzulenken, fragt sie ihn über seine Arbeit als Wirtschaftsanwalt aus. Er scheint keine Lust zu haben, einer verkrachten Juristin zu erzählen, weshalb ihn die rechtlichen Aspekte von Fusionen faszinieren. Und tut es trotzdem. Sein Werdegang, den er in Kürzestfassung herunterspult, ist klassisch. Dazu gehört auch der LL.M., der Master of Laws, mit dem sich Paul auf internationales Wirtschaftsrecht spezialisiert hat. Seine Worte sind von einem Understatement geprägt, das Natascha sympathisch findet. Auf ihre Frage, wo er den LL.M. gemacht habe, antwortet er: «An der Ostküste.» Sie muss dreimal nachhaken, bis sie erfährt, dass er einen Harvard-Abschluss hat. Daraufhin meint er: «Nun bin ich wohl komplett abgeschrieben bei dir.» Sie relativiert: «Immerhin bist du mit einem Architekten liiert. Das lässt auf eine gewisse Offenheit schliessen.» Diese Bemerkung hat sie auf Marcels kreativen Beruf bezogen, nicht auf den Umstand, dass Paul homosexuell ist. Weil sie befürchtet, sich missverständlich ausgedrückt zu haben, will sie zu einer Berichtigung ansetzen. Doch Paul kommt ihr zuvor und stellt klar, dass er und Marcel kein Paar seien. Er grinst. Natascha bleibt stehen.

«Machst du Witze?» – «Nein, wirklich nicht.» Sein Grinsen wird breiter, was sie zusätzlich verwirrt. Schweigend gehen sie weiter, bis sie Rita und Marcel sehen, die vor einem schwarzroten Tuffsteingebäude warten. Es ist das Museum für nationale Architektur und städtisches Leben, wo Marcel eine Kleingruppe bestehend aus zwei, jetzt aus vier Personen für eine englische Führung angemeldet hat.

Am Abend sieht Natascha, dass Jan ihr eine Nachricht geschickt hat. Die Internetverbindung in ihrem Zimmer ist jedoch so schwach, dass sie die Nachricht nicht öffnen kann. Nachdem sie es mehrere Male versucht hat, gibt sie auf. Sie erinnert sich daran, dass sie während der Reise keinen Kontakt zu ihm gewünscht hat, und setzt sich mit einem Buch auf das Bett. Doch sie kann sich nicht auf die Lektüre konzentrieren. Nach fünf Seiten hat sie keine Ahnung, worum es im Buch geht. Sie schaut geradeaus auf die Wand. Dabei fällt ihr die Tapete auf, für deren vergilbte Farbe sie eine passende Bezeichnung sucht. Fleckiges Eierschalenweiss? Ermatteter Perlglanz? Verwässertes Beige? Etwas weiter rechts, im Lichtkegel der Stehlampe, ist ein rötlicher Schimmer erkennbar. Ein stark verblichenes Altrosa mit Patina? Oder ein leicht pfirsichstichiges Hellgrau? Auf jeden Fall alt sieht sie aus, die Tapete, auf der bei genauerem Betrachten ein Bild zu erkennen ist, das nicht mehr hängt. Der Nagel steckt noch in der Wand und gleich darunter ist ein grosses Rechteck auszumachen, das eine Nuance heller ist als der Rest der Wand. Vermutlich wurde früher, als das Bild noch hing, im Zimmer geraucht. Wie das Bild wohl ausgesehen haben mochte? War es das Foto einer regionalen Sehenswürdigkeit? Das Porträt einer Sowjetpersönlichkeit? Oder eine Aufnahme der Stadt aus den frühen Achtzigerjahren? Natascha kann sich das Bild nicht vorstellen. Stattdessen fällt ihr doch noch eine Bezeichnung für die Farbe der Tapete ein. «Verwaschene Terra di Gjumri, von vor dem Erdbeben», flüstert sie in die Stille des Hotelzimmers.

Ein Lächeln huscht über ihr Gesicht, als sie die Bezeichnung «verwaschene Terra di Gjumri, von vor dem Erdbeben» in ihr Notizbuch schreibt. Anschliessend sucht sie nach Worten für die Struktur der Tapete, über die sie mit ihren Fingerspitzen fährt, dabei das leichte Auf und Ab unter den Kuppen spürt. Wie gestrickt, denkt sie und notiert ihre Eindrücke. Später hält sie auch den Tagesablauf in ihrem Notizbuch fest. Als sie bei den Sonnenhütchen der Schwestern in der Hotel-Lobby angelangt ist und Pauls forschenden Blick wieder auf sich spürt, hält sie inne und legt die Schreibutensilien auf ihren Schoss. Sie betrachtet ihre Hände, nimmt sich vor, bald die Fingernägel zu lackieren, überlegt, ob sie es jetzt gleich tun soll, wartet vergeblich auf einen Impuls, der sie zum Aufstehen bewegen würde, verwirft die Idee mit dem Nagellack, schlägt stattdessen das Notizbuch wieder auf und liest ihren heutigen Eintrag noch einmal durch. Das letzte Wort ist ein Name, den sie zentriert auf die erste Zeile einer neuen Seite geschrieben hat, als würde ein neues Kapitel beginnen.

Paul. Ihn kann sie nicht einordnen, auch seinen Blick nicht, als sie heute am frühen Nachmittag ihre Hand auf seine Schulter legte. Es war eine unbedachte Geste, um ihn und Marcel anzusprechen. Natascha war von einer Verbundenheit mit den beiden ausgegangen, ein Gefühl, das womöglich nicht auf Gegenseitigkeit beruhte oder nicht mit ihrer Rolle als Reiseleiterin vereinbar war. Vielleicht wirkte Paul deshalb so erstaunt. Sie hätte ihre Hand rascher wieder zurückziehen, nicht auf seiner Schulter ruhen lassen, vermutlich gar nicht erst auf seine Schulter legen sollen. Es entstand zu viel Nähe zwischen Paul und ihr. Eine Nähe, die im anschliessenden Gespräch keine Entsprechung fand. Oder doch?

Das Gespräch mit Paul hat sie verwirrt. Zunächst, weil sie nicht glauben kann, dass Paul und Marcel kein Paar sind. Sie wusste zwar, dass die beiden nicht zusammenleben. Paul wohnt in derselben Stadt wie sie, Marcel in einer kleineren Stadt in der Nähe. Doch dafür kann es viele Gründe geben. Längst nicht alle Paare wohnen zusammen. Natascha weiss nicht mehr, weshalb sie praktisch von Anfang an davon ausgegangen ist, Paul und Marcel seien nicht nur Freunde, sondern ein Paar. Diese Vorstellung hat sich, offenbar grundlos, in ihrem Kopf festgesetzt. Dementsprechend hat sie für sich die Reisegruppe eingeteilt in vier Paare, zwei Schwestern und eine allein reisende Frau. Eigentlich ist es unwichtig, aber in gewissen Situationen, bei der Anordnung der Tische in einem Restaurant etwa oder bei der Zuteilung von Zimmern, denkt sie trotzdem daran. Hier in Gjumri beispielsweise hat sich bei der Ankunft im Hotel herausgestellt, dass nur ein Doppelzimmer mit zwei separaten Betten zur Verfügung stand, alle übrigen Zimmer waren mit Doppelbetten ausgestattet. Natascha bat die Hotelmanagerin, das Zimmer mit den beiden Einzelbetten Linda und ihrer Schwester zu überlassen, im Glauben, alle anderen Buchungen von Doppelzimmern seien für Paare.

Das Gespräch mit Paul hat sie auch aus einem anderen Grund verwirrt. Seine Fragen und Bemerkungen haben dazu geführt, dass die Zweifel rund um ihre berufliche Situation wieder aufgewirbelt sind und in ihrem Kopf kreisen, was ihr zu Hause zwar oft passiert, während ihrer Einsätze als Reiseleiterin aber nie. Für Natascha sind Gruppenreisen kleine Auszeiten, in denen sie eine klare Rolle hat und derart beschäftigt ist, dass sie sich keine Gedanken darüber macht, was danach sein wird. Existenzängste gehören nicht zum Vokabular ihrer Reisen. Über Existenzängste redet sie ohnehin nur mit Jan. Denn er versteht es wie niemand sonst, rationale Überlegungen zu zerstreuen. Eigentlich ist es nur ihm zu verdanken, dass sie nicht längst hinter einem Berg juristischer Akten verschwunden ist. Einmal ging Jan so weit, dass er ein Stelleninserat, auf das sie sich zu bewerben gezwungen sah, von ihrem Pult nahm und zerriss. «Du im Rechtsdienst des Tiefbauamts? Vergiss es!», sagte er und drückte ihr lachend einen Kuss auf die Stirn. Jan hat gut lachen, denn er macht genau das, was er am liebsten tut und am besten kann. Er macht es mit Leidenschaft und Hingabe, gewiss auch in zwanzig Jahren noch, vorausgesetzt, dass er damit finanziell über die Runden kommt. Für diese Entschlossenheit bewundert sie ihn, auch wenn die Radikalität, mit der er sich auf sein Kunstschaffen konzentriert, sie manchmal befremdet. Natascha ist überzeugt, dass er über Leichen gehen würde, um sich verwirklichen zu können. Dass er über gebrochene Herzen geht, weiss sie bereits.

Jan. Jetzt denkt sie doch an ihn. Was wohl in der Nachricht steht, die er ihr geschickt hat? Mit dem Laptop unter dem Arm begibt sich Natascha in die Lobby, wo der Internetempfang besser ist und sie die Nachricht problemlos öffnen kann. Jan hat nur wenige Zeilen an sie geschrieben und scheinbar in einer Hektik, die keinen Raum für persönliche Worte liess. Er brauche unbedingt, dahinter steht ein Ausrufezeichen, unbedingt brauche er den Zettel mit der Wegbeschreibung, den sie vor einigen Wochen auf dem Friedhof gefunden habe. Er arbeite intensiv an neuen Bildern und möchte darauf Bezug nehmen. Natascha ist derart erstaunt über diesen Wunsch, dass sie Jan ebenfalls ohne persönliche Worte antwortet, der Zettel liege vermutlich irgendwo zwischen alten Zeitungen in ihrer Küche. Wenn er sich an die Hauswartin wende, die einen Ersatzschlüssel zur Wohnung habe, könne er den Zettel suchen gehen. Sie schickt der Hauswartin ebenfalls eine Nachricht, um sie darüber zu informieren. Danach macht sich in ihr wieder das schale Gefühl breit, das sie in den letzten Wochen manchmal verspürte, wenn sie das Atelier verliess. Diese Intensität und Dringlichkeit, die von Jan ausgingen und sie, Natascha, wie in einem Strudel mitrissen. Ein Strudel, aus dem sie kurz darauf wieder ausgeworfen wurde. Es bestand keine Gegenseitigkeit mehr zwischen Jan und ihr. Er nahm von ihr, was er brauchte. So, wie er vielleicht auch von anderen nahm, was er brauchte. Ihr fällt die Skizze der fremden Frau wieder ein, die sie im Atelier entdeckt hatte.

Erst als Natascha ihren Laptop zuklappt und sich erhebt, bemerkt sie Artiom, der am Empfang steht und sich mit einem

Mitarbeiter des Hotels unterhält. Dabei schaut er zu ihr. «Natascha Dschan, du wirkst besorgt. Möchtest du Radio Eriwan hören?»

Auf Radio Eriwan kam sie mit Artiom gestern zu sprechen, als sie am Karisee sassen und zuschauten, wie die Reisegäste die Landschaft fotografierten. Artiom stand noch unter dem Eindruck der Forschungsstation, die er auf Nataschas Vorschlag hin zusammen mit der Gruppe besichtigt hatte. Er habe eine Zeitreise zurück in die Sowjetunion erlebt, lachte er, und Natascha wollte wissen, ob das gut sei oder schlecht. Weder noch, antwortete Artiom und erklärte, dass er die Hälfte seines Lebens in der Sowjetunion verbracht habe. Er sei halb Sowjetbürger, halb Armenier. Die Wende sei bestimmt schwierig gewesen, sagte Natascha, woraufhin Artiom nickte. Doch die Wende gehöre zu seinem Leben, die Sowjetunion auch. Dann erzählte er, wie damals, 1991, zuerst die Löhne ausblieben, wie sein Arbeitgeber bald darauf die Pforten schloss, wie er und seine Kollegen plötzlich arbeitslos waren, wie es ihm nicht gelang, eine neue Stelle als Ingenieur zu finden, wie er irgendwann die Suche im erlernten Beruf aufgab und Taxifahrer wurde. «Nur so», fasste Artiom zusammen, «habe ich bei meiner Familie bleiben können, anstatt, wie mein Bruder und viele andere, ins Ausland abzuwandern.» Es klang, als habe er sich längst damit abgefunden. In Artioms Erzählung schwang dennoch eine leise Traurigkeit mit, zu welcher die Radio-Eriwan-Witze gut passten.

«Immer!», antwortet Natascha begeistert, denn sie mag die Fragen von Sowjetbürgern, die sich mit ihren Problemen an die fiktive Radiostation in Eriwan wenden. Artiom beginnt:

«Frage an Radio Eriwan: Ist es wahr, dass die kapitalistische Gesellschaft am Abgrund steht?
Antwort: Im Prinzip ja, aber wir sind bereits einen Schritt weiter.

Frage an Radio Eriwan: Stimmt es, dass in den USA jeder ein Auto hat?
Antwort: Im Prinzip ja, aber bei uns hat dafür jeder einen Parkplatz.

Frage an Radio Eriwan: Gibt es in der Sowjetunion eine Postüberwachung?
Antwort: Im Prinzip nein. Briefe mit antisowjetischem Inhalt werden jedoch nicht befördert.»

Am nächsten Tag, auf halber Fahrt zu einem Nationalpark im Nordwesten des Landes, muss Artiom tanken und schlägt vor, den Halt für eine kleine Pause zu nutzen. «Gute Idee», findet Natascha und erklärt der Gruppe, dass im Gebäude neben der Tankstelle Getränke und Snacks erhältlich seien und dass sich gleich dahinter Toiletten befänden. Sie steigt als Erste aus und stellt sich neben den Kleinbus, um allfällige Fragen der Reisegäste zu beantworten. Paul steigt als Letzter aus und streckt sich. Als niemand mehr in Hörweite ist, fragt sie ihn: «Und warum umarmt dich Marcel, wenn ihr kein Paar seid?» – «Marcel hat mich ein einziges Mal umarmt. Ein einziges Mal. Am Filmabend. Hast du das etwa mitgekriegt?» – «Ich sass hinter euch.» – «…» – «Und ich hatte den Eindruck, er habe dich nur umarmt, weil ich hinter euch sass.» – «So wird es gewesen sein.» – «Ist er eifersüchtig?» – «Ich sage doch, wir sind kein Paar.» – «Eigentlich schade. Ihr würdet gut zusammenpassen.» Paul holt mit dem rechten Arm aus, um Natascha in den Oberarm zu boxen, doch sie weicht einen Schritt zurück, sodass er sie nur leicht streift. Lachend entfernt er sich und verschwindet kurz darauf im Gebäude neben der Tankstelle.

Als alle wieder im Fahrzeug sitzen, bittet sie Artiom, noch nicht loszufahren, da sie die Gruppe über den weiteren Verlauf der Reise unterrichten möchte. Sie erklärt, nun an ihre Schäfchen gewandt, dass ein Experiment bevorstehe, das ihr sehr am Herzen liege. «Die nächsten vierundzwanzig Stunden verbringen wir in einem kleinen Bauerndorf am Rand des Nationalparks. Nach unserer Ankunft werden Sie einer Familie zugeteilt, bei der Sie übernachten. Auch das Abendessen und das Frühstück werden Sie bei dieser Familie einnehmen. Die Wohnverhältnisse sind bescheiden, und doch, so bin ich überzeugt, wird es eine bereichernde Erfahrung sein. Denn durch Ihren Aufenthalt im Dorf werden Sie einen einzigartigen Einblick in das Leben von armenischen Bauern erhalten. Ich selbst habe das Dorf im Rahmen einer privaten Reise kennengelernt und mich mit den Bewohnern angefreundet. Einer, Aschot, ist besonders umtriebig und hat vor einiger Zeit angefangen, Touristen zu beherbergen, die jedoch nur selten den Weg in dieses abgelegene Dorf finden. Im Gespräch mit eben diesem Aschot ist die Idee entstanden, mit einer Gruppe ins Dorf zu reisen. Die Agentur hat eingewilligt, und jetzt, jetzt ist es so weit.» Natascha ist aufgeregt. Denn sie wünscht sich, dass es nicht nur für die Reisegäste ein schönes Erlebnis wird, sondern auch für die Dorfbewohner. Als Reiseleiterin hat sie oft das Gefühl, zwischen zwei Welten zu stehen. Es gehört zu ihrer Rolle, den Austausch zwischen Touristen und Einheimischen zu ermöglichen und bei Missverständnissen zu vermitteln. Manchmal fühlt sie sich aber auch verantwortlich dafür, dass die Begegnungen der beiden Welten gut verlaufen. Jetzt ganz besonders.

Die Reisegäste haben interessiert zugehört und schauen noch immer aufmerksam zu Natascha, die nicht weiss, was sie noch sagen könnte. Sie lacht deshalb, als ihr Blick über die elf Gesichter gleitet. «Haben Sie Fragen?» Einige schütteln den Kopf, andere wenden den Blick ab. «Nein?» Jetzt hört Natascha doch noch eine Stimme, eine, die sich noch nie vor der ganzen Gruppe gemeldet hat. Überrascht schaut sie zu Lindas Schwester, die sagt: «Ich habe so viele Fragen, dass ich gar nicht weiss, wo anfangen. Es ist wohl das Beste, wir lassen uns einfach überraschen.» – «Genau», findet auch Herr Luginbühl. «Lassen wir uns einfach überraschen.» – «Gut», sagt nun Natascha und klatscht die Hände zusammen. «Dann fahren wir los. In einer Stunde sollten wir dort sein. Die letzte Viertelstunde wird etwas holprig, da die Strasse zum Dorf nicht geteert ist. Artiom fährt auf dieser Strecke langsam, damit niemandem schlecht wird. Schauen Sie einfach aus dem Fenster und geniessen Sie die Aussicht. Die karge Hochebene und der Blick auf die umliegenden Berge sind atemberaubend schön. Gleich nach der Ankunft stelle ich Ihnen Ihre Gastfamilien vor. Vermutlich werden sie Ihnen Tee oder Kaffee anbieten. Lassen Sie sich Zeit fürs Ankommen und Kennenlernen. Ich schlage vor, dass wir uns spätestens eine Stunde nach Ankunft wieder treffen, am besten in der Dorfmitte, bei den Felsbrocken. Aschot wird uns dann das Dorf zeigen.» Wie gross das Dorf überhaupt sei, will Herr Luginbühl nun doch noch wissen. «So klein, dass kein Haus mehr als fünf Minuten vom anderen entfernt ist. Sie werden sehen, es ist wirklich sehr klein. Ich habe die Häuser nicht gezählt, aber mehr als dreissig sind es nicht. Zu sehen gibt es trotzdem viel.»

Die Begrüssung im Dorf ist noch herzlicher, als Natascha erwartet hat. Die Gruppe wird empfangen, als seien Verwandte eingetroffen. Fast alle Dorfbewohner sind versammelt, auch diejenigen, die keine Gäste beherbergen. Hände werden geschüttelt, ein paar Küsschen verteilt, es wird auf Schultern geklopft, und immer wieder wird Natascha von jemandem in die Arme geschlossen. Aber nicht nur sie. Aus den Augenwinkeln beobachtet Natascha, wie Linda von einer betagten Armenierin umarmt wird. Daneben halten zwei Kinder ein Plakat in die Höhe, auf dem in bunten Buchstaben WELCOME steht. Herr Bachmann richtet seine Kamera auf das Plakat, klick, auf die Kinder daneben, klick, dann auf seine Frau, die ihnen eine Tafel Schokolade überreicht, klick, auf einen Armenier, der mit Marcel gestikuliert, klick, auf Paul, der Aschot die Hand reicht, klick, auf ein Mädchen, das mit Lindas Schwester kichert, klick, auf Natascha, die einen kleinen Jungen in die Luft hebt, sowie auf dessen Mutter, die lachend danebensteht. Klick-klick. Nun fotografiert Herr Bachmann die Häuser, deren Fassaden unverputzt sind und wegen der einfachen Bauweise mit Backsteinen an Lego-Häuser erinnern. Auch die zylinderförmigen Haufen aus aufeinandergestapeltem Dung fotografiert er und die improvisiert wirkenden Ställe, neben denen riesige Hunde angekettet sind, die nachts die Schafe vor den Wölfen schützen. Und die zerfallene Kolchose, die ausserhalb des Dorfes auf einer Anhöhe steht und jetzt, im Gegenlicht, aussieht wie eine Burgruine. Schliesslich fotografiert Herr Bachmann wieder Natascha, die angefangen hat, die Mitglieder der Reisegruppe den armenischen Familien zuzuteilen. Als sie auf seine Frau zusteuert, drückt er den Deckel auf das Objektiv und begibt sich ebenfalls zu seiner Frau.

Nach zwanzig Minuten löst sich die Versammlung langsam auf. Natascha steht mit Artiom neben dem Kleinbus und schaut zu, wie ihre Schäfchen, begleitet von Dorfbewohnern, mit Reisetaschen und Koffern auf verschiedene Häuser zusteuern. Es rührt sie, wie ein Armenier Frau Luginbühl den Rucksack abnimmt, wie Kinder sich um das Ehepaar Bachmann scharen, wie Rita sich mit ihrer Gastgeberin zu unterhalten versucht und wie Linda sich bei der Armenierin, die sie vorhin umarmt hat, unterhakt. Artiom spricht aus, was sie denkt: «Wunderbar, all diese Begegnungen!» Sie ist froh um seine Begeisterung, denn auch er wird bei einer Familie übernachten, und zwar nicht, wie ursprünglich geplant, im selben Haus wie Natascha, sondern allein. Vor zwei Tagen hat sie letzte Änderungen am Zuteilungsplan vorgenommen. Den provisorischen Plan hatte sie zu Hause erstellt, wobei sie abgesehen vom Geburtsjahr der Reisegäste und der Angabe, wer sich mit wem angemeldet hatte, über keine Anhaltspunkte verfügte, auf welche sie sich hätte stützen können. Zwischenzeitlich kann Natascha die Gäste recht gut einschätzen und weiss beispielsweise, dass Frau Schmidt heikel ist, wenn es um Hygiene geht. Sie hat deshalb das Ehepaar Schmidt im Haus des Bürgermeisters platziert, wo es ein Badezimmer gibt, das in etwa westeuropäischem Standard entspricht. Linda und ihre Schwester hat sie von dort in die beiden Zimmer gewechselt, welche Natascha für sich und Artiom reserviert hatte. Artiom übernimmt das Zimmer, welches für das Ehepaar

Schmidt vorgesehen war. Und Rita war einverstanden, ihr Zimmer mit Natascha zu teilen. Im Nebenzimmer sind die beiden Jungs einquartiert.

Von den beiden hört Natascha jedes einzelne Wort, als sie ihr Zimmer bezieht. Rita sitzt grinsend auf einem der beiden Betten und tippt mit ihrem Zeigefinger auf die Lippen. Im Flüsterton erklärt sie: «Psst, sonst merken sie, dass wir sie belauschen. Die beiden reden wie ein altes Ehepaar. Hör mal!» Natascha kriegt gerade noch das Ende des Gesprächs mit, in welchem Paul und Marcel offenbar besprochen haben, wer auf welchem Bett schläft und wieso. Die Nähe zum Fenster und zur Tür sind Kriterien, die Dicke der Matratzen auch und Marcels Vorliebe, neben einer Wand zu liegen. «Willst du wieder bei offenem Fenster schlafen?», fragt Marcel jetzt, woraufhin Natascha und Rita leise kichern und dabei Pauls Antwort verpassen. Vielleicht hat er nur genickt, denkt Natascha, die jetzt hört, wie Paul vorschlägt, sich ins Wohnzimmer zu begeben: «Ich habe gesehen, dass dort eine Teekanne und Tassen bereitstehen. Unsere zwei Nachbarinnen warten vielleicht schon auf uns.» Rita und Natascha nicken sich kurz zu, dann sagen sie: «Ja, wir warten!»

Paul und Marcel treten in den Korridor und schauen erstaunt durch die offene Tür ins Zimmer der beiden Frauen, die nebeneinander auf dem Bett an der Wand sitzen und grinsen. «Euer Zimmer ist kleiner», bemerkt Marcel, und Rita entgegnet, dass die Grösse keine Rolle spiele. Hauptsache, sie könne neben einer Wand liegen und Natascha beim offenen Fenster schlafen. Natascha prustet los, dann kichert auch Rita. Marcel und Paul schauen einander fragend an, zucken mit den Schultern und beginnen schliesslich ebenfalls zu lachen.

«Ist alles normal?», erkundigt sich auf einmal die Gastgeberin. Natascha steht sofort auf und bestätigt: «Alles ist normal.»

Sie seien wohl etwas müde vom Reisen und müssten deshalb über jeden Unsinn lachen, fügt Natascha entschuldigend an, woraufhin die Gastgeberin meint, eine Tasse Tee würde sie bestimmt auffrischen. Sie bittet an den Tisch, wo jetzt auch ein Kuchen bereitsteht. Rita steuert am Tisch vorbei auf die ausgestopften Tiere zu, die in einer Ecke des Wohnzimmers aufgereiht sind, unter anderem eine Katze mit verschiedenfarbigen Augen. «Das ist eine Vankatze», erklärt die Gastgeberin. «Eine seltene Katzenrasse aus der Region des Vansees. Die Gegend gehörte früher zu Armenien.» Rita will zu einer Frage ansetzen, doch die Gastgeberin winkt lachend ab. «Das Ausstopfen von Tieren ist ein Hobby meines Mannes. Er langweilt sich sonst in den Wintermonaten, wenn wir hier eingeschneit sind und es nicht viel zu tun gibt. Fragen Sie ihn beim Abendessen aus.»

«Hast du vorhin gesagt, wir seien normal?», will Marcel von Natascha wissen, sobald die Gastgeberin den Raum verlassen hat. «Nein», lacht Natascha und erklärt: «Auf Russisch wird oft gefragt, ob alles normal sei, etwa so, wie auf Deutsch gefragt wird, ob alles gut sei. Dementsprechend lautet die Antwort: ‹Ja, alles ist normal.› Nicht: ‹Alle sind normal.› Sonst hätte ich vermutlich verneint.» Marcel kneift seine Augen zusammen und will etwas entgegnen, als der zwölfjährige Sohn der Gastgeberin ins Wohnzimmer stürmt und ruft, die Tiere kämen gleich zurück ins Dorf. Natascha springt auf und geht zum Fenster. «Tatsächlich», sagt sie. «Die Hirten kommen mit ihrer Herde schon zurück.» Auf dem Hügel im Norden des Dorfes, unmittelbar unterhalb der Krete, sieht sie vier Kühe, die, begleitet von einem Hirten, bergab trotten. Natascha dreht sich zum Zwölfjährigen um und bittet ihn, alle Reisegäste auf dem Dorfplatz zu versammeln. Wie, fragt sie sich erst, als er das Wohnzimmer schon wieder verlassen hat. Es wird ihm gewiss gelingen, sich verständlich zu machen, beruhigt sie sich und schaut wieder aus dem Fenster. Ein zweiter Hirte steht jetzt auf der Krete, neben ihm drei Kühe, die sich ebenfalls an den Abstieg machen und den anderen Kühen talwärts folgen.

Von einer Wanderung weiss Natascha, dass hinter dem Hügel noch ein Hügel liegt und dahinter noch einer und noch einer. Wie sich die Hirten in dieser unendlichen Hügellandschaft orientieren, ist ihr schleierhaft. Es gibt dort weder Bäume noch Häuser. Für sie sieht deshalb jeder dieser Hügel gleich aus, und sie hätte rasch die Orientierung verloren, wenn sie das Vieh einen Tag lang in einer Senke zwischen zwei Hügeln grasen liesse. Oder sie würde am Abend in Georgien eintreffen, denn die Landesgrenze verläuft hinter einem der Hügel hinter den Hügeln, hinter welchem genau, könnte sie freilich nicht sagen.

Wenige Minuten später sitzt Natascha neben Rita auf der langen Bank vor Aschots Haus und sagt: «Von hier ist die Aussicht auf das Defilee am besten. Ich liebe diesen Moment am Abend, wenn das Vieh zurück ins Dorf kommt. Das Morgendefilee ist übrigens auch sehr schön. Dann sitzen die Bauern hier an der Morgensonne und trinken Kaffee, während die Hirten mit dem Vieh an ihnen vorbei in die Berge ziehen. Eine wunderbare Art, den Tag zu beginnen!» – «Machen wir das morgen?» – «Ich bin mir nicht sicher, ob ich unsere Gruppe motivieren kann, um sechs aufzustehen.» – «Also, ich wäre dabei!», sagt Rita ohne Umschweife und fügt kichernd an, dass Paul und Marcel diesfalls auch aufstehen müssten. Dabei deutet sie mit dem Kopf zu den beiden Jungs, die ein paar Meter entfernt vor ihnen stehen und die Ansammlung von Felsbrocken betrachten, als wäre sie eine ausgefallene Plastik.

Natascha fällt die kleine Statue von Rodin ein, die in der Mitte eines riesigen Kreisels in Eriwan steht und dort kaum zur Geltung kommt. Hier ist es umgekehrt, denkt sie und versteht

jetzt, weshalb die Felsbrocken von den Einheimischen als
«Monument» bezeichnet werden. Ein Monument, das es
schon immer gegeben habe, wie man ihr beim ersten Besuch
im Dorf versichert hat. Niemand könne sich daran erinnern,
wie diese Felsstücke von einem Berg abgebrochen und ins
Dorf gerollt seien. Vermutlich sei das Dorf erst später entstanden und habe die Felsstücke in seiner Mitte integriert.
Rund um eben dieses Monument haben sich zwischenzeitlich auch
die übrigen Reisegäste eingefunden, nachdem der Sohn der
Gastgeberin allen «five minutes, five minutes» zugerufen habe, wie Aschot, der soeben aus dem Haus getreten ist, schmunzelnd erzählt. Er, ein untersetzter Mann von sechzig Jahren,
bleibt einen Moment bei Natascha und Rita stehen, bevor er
weiter zum nördlichen Dorfende geht, den Hirten und dem
Vieh entgegen.

«Nascha», sagt ein kleines Kind, das plötzlich vor Natascha
steht und an ihrem Ärmel zupft. «Nascha, hörst du die Kühe?» – «Ja», antwortet diese. «Die Kühe muhen, vielleicht vor
Freude, weil wir auf sie warten. Bald sind sie hier. Willst du
dich setzen?» Das Kind dreht sich ab und streckt seine Ärmchen in die Höhe. Natascha hebt es auf ihren Schoss und sagt
zu Rita: «Das ist Sascha.» – «Hat er nicht soeben Nascha gesagt?» – «Doch. So nennt er mich.» – «Ach so. Ihr seid also
Sascha und Nascha?» – «Genau. Sascha ist eine Koseform
von Alexander. Und Nascha hat er als Kurzform für meinen
Namen erfunden. Im Dorf lacht man darüber, denn ‹nascha›
heisst auf Russisch ‹unsere›.» – «Er nennt dich also ‹unsere›?» – «Ja. Für ihn gehöre ich hierher. Ich kenne ihn ja praktisch seit seiner Geburt.» Dann sagt sie zu Sascha gewandt:
«Nicht wahr? Wir kennen uns, seit du ganz klein bist.» – «Wie
klein?», will Sascha wissen und Natascha hält ihre Hände etwa
einen halben Meter auseinander. «So klein warst du, ein Baby
noch, als ich dich zum ersten Mal gesehen habe.» Sascha hält
seine Händchen nun ebenfalls auseinander, nicht mehr als

zwanzig Zentimeter, und fragt: «So klein?» – «Klitzeklein», bestätigt Natascha und küsst ihn auf den Kopf.

Danach schaut sie auf, zu Herrn Bachmann, der auf einem der Felsbrocken kniet und an seiner Kamera hantiert. Zwischen dem Monument und Natascha steht Paul, jetzt allein, und schaut zu ihr. Beobachtet hat er sie, das erkennt sie an seinem vertieften Blick, den er auch jetzt nicht abwendet, da sie zu ihm schaut. Seine Augen sind dunkel, viel dunkler als sonst, fällt ihr auf, dann hört sie Rita rufen: «Vorsicht, Paul, dort kannst du nicht stehen bleiben.» Rita nickt mit dem Kopf nach links zu den herannahenden Kühen und deutet mit einer Handbewegung nach rechts zu den Ställen. Paul erkennt, dass er mitten im Weg steht, und setzt sich ruckartig in Bewegung. Dabei scheint er kurz zu erwägen, auf einen der Felsbrocken zu klettern, springt aber schliesslich lachend zu ihnen an die Hauswand, wo auch die anderen Reisegäste aufgereiht sind, entweder sitzend auf der Bank oder stehend an die Mauer gelehnt.

«Was macht der Mann?», fragt Sascha verwundert, und Natascha antwortet: «Er geht den Kühen aus dem Weg.» – «Warum?» – «Weil die Kühe gross sind.» – «Hat er Angst?» – «Nein, aber er hat sie nicht gesehen.» – «Nicht gesehen?» – «Genau. Deshalb hat die Frau ihm gesagt, er soll aus dem Weg gehen.» – «Warum hat er die Kühe nicht gesehen?» – «Das weiss ich nicht.» – «Aber die Kühe sind doch gross. Warum hat er sie denn nicht gesehen?» Sie dreht sich lachend zu Paul um und überlegt kurz, ob sie ihm Saschas Frage stellen soll, doch das Muhen ist jetzt so laut geworden, dass er sie vermutlich nicht gehört hätte. Ohnehin schaut er über sie hinweg zu den Tieren, deren schaukelnde Köpfe immer grösser werden.

Als die ersten Kühe an ihnen vorbeiziehen, ist Natascha, als würde der Boden beben. Vielleicht bebt er auch, so genau ist es nicht auszumachen bei all den Sinneseindrücken, die nun auf sie einwirken. Natascha zieht Sascha fest an sich und legt die Arme schützend vor ihn, doch dieser zeigt keine Angst, sondern kreischt vor Freude, als eine Kuh so nahe an ihnen vorbeitrottet, dass Natascha sie mit ausgestrecktem Arm tätscheln kann. Ein paar Kühe sind neugierig und schauen die ausländischen Gäste an. Eine bleibt sogar stehen, streckt Frau Luginbühl ihre Nüstern entgegen und schnauft dabei laut. Aschot rennt herbei und vertreibt die Kuh, die alsbald muhend weitergeht. Natascha fällt ein, dass es in der Herde auch Stiere gibt, und ist froh um Aschots wachsames Auge, denn sie selbst kennt sich nicht gut aus mit den Tieren. Rita stösst sie in die Seite und zeigt auf Herrn Bachmann. Den Felsbrocken, auf dem er steht, sieht man vor lauter Kühen fast nicht mehr. Es sieht jetzt aus, als schwebe Herr Bachmann über den Kühen. Ein Anblick, den nicht nur Natascha und Rita amüsiert, sondern auch anderen aufgefallen ist. Frau Bachmann filmt die Szene mit ihrem Handy.

Als die letzten Kühe vorbeigezogen sind, wird es einen Moment ruhig, aber nur so lange, bis sich das Gehör auf das Blöken der Schafe eingestellt hat, das nun immer lauter wird. Sascha zappelt aufgeregt und zeigt auf die Schafherde, die sich nähert. Marcel und Paul nutzen die kleine Lücke im Defilee, um zum Monument zu rennen, auf das sie hochklettern, gerade rechtzeitig, denn wenige Sekunden später wimmelt es von Schafen, die scheinbar ineinander verkeilt an ihnen vorbei zu den Ställen ziehen. Sie sind noch nicht geschoren, fällt Natascha auf, und sie erinnert sich daran, dass Aschot ihr angeboten hat, der Gruppe eine Schafschur vorzuführen. Sie selbst war einmal im Dorf, als die Männer einen Tag lang damit beschäftigt waren. Es war ein eindrückliches Schauspiel, in das sich ein Einblick, auch ein kleiner, lohnt. Aschot scheint ihre Gedanken gelesen zu haben, denn als sie zu ihm schaut, nickt er ihr zu und macht eine Handbewegung, als würde er sich mit einer Schere die Brusthaare schneiden. Natascha lacht und nickt. Was für ein Glück, denkt sie und drückt ihr Gesicht in Saschas flaumiges Haar, das sich im Nacken zu kleinen Locken kraust. Dabei atmet sie den vertrauten, säuerlichen Geruch ein und ist erstaunt darüber, dass sie ihn überhaupt wahrnimmt bei all den Viehgerüchen, die jetzt in der Luft hängen. Und noch einmal denkt sie: Was für ein Glück. Sie küsst Sascha auf den Kopf und schaut auf.

Paul und Marcel stehen jetzt lachend je auf einem Felsbrocken, drehen sich um die eigene Achse und schauen auf die Herde, die sich vor dem Monument teilt und wenige Meter dahinter wieder zusammenfliesst. Wie auf einer Insel müssen sie sich vorkommen, mitten in einem Schafstrom stehend. Die beiden wirken übermütig, berauscht, glücklich irgendwie, findet Natascha und lächelt.

Und plötzlich wird es wieder ruhig. «Fertig?», fragt Sascha und dreht sich nach Natascha um. «Fertig?», fragt er noch einmal. «Nein, schau, die Ziegen kommen noch. Hörst du die Glöcklein?» Nur zwei der rund zwanzig Ziegen tragen eine kleine Glocke um den Hals, doch genug, um Rita zu überwältigen. «Oh!», ruft sie. «Das klingt wie bei uns zu Hause. Im Dorf, wo ich aufgewachsen bin, trugen die Ziegen ebenfalls Glocken. Aber beim Alpabzug gingen sie immer voraus, nicht hinterher wie hier.» Stimmt, denkt Natascha, ein bisschen wie ein Alpabzug ist das Abenddefilee. Und das Morgendefilee wie ein Alpaufzug. Dann wird sie abgelenkt durch Saschas Zappeln. Er will weggehen, doch sie hält ihn fest. «Lass uns warten, bis alle Ziegen vorbei sind. Da kommt eine braune. Siehst du sie? Dahinter drei weisse und zwei schwarze, alle mit langen Haaren.» Angetrieben werden die Tiere von Kindern. Ein Mädchen rennt einer Ziege hinterher, die ausschert. Gekonnt jagt es sie zurück zu den anderen. Sascha zappelt jetzt nicht nur, sondern beginnt auch zu quengeln. Er möchte die Ziegen zu den Ställen begleiten, so, wie die grösseren Kinder es tun. Natascha ist nicht sicher, ob sie Sascha unbeaufsichtigt lassen kann, und beschliesst, ihn zu begleiten. Nach ein paar Metern dreht sie sich um und sieht, dass ihr die Reisegäste folgen, auch Aschot, der sich im Gehen mit Paul unterhält. Was die beiden sich wohl in welcher Sprache erzählen, fragt sie sich, bevor sie Sascha nachrennt, der schon fast beim ersten Stall angekommen ist.

Während Aschot zu einer Schafschur ansetzt, verlässt Natascha die Reisegruppe, um Sascha nach Hause zu bringen. Seine Mutter, die mit Aschots älterem Sohn verheiratet ist, kommt ihr lächelnd entgegen. Olga ist Russin und lebt erst seit wenigen Jahren im Dorf. Kennengelernt hat sie ihren Mann in einer russischen Provinzstadt, wo er seinerzeit arbeitete und sie studierte. Als sie schwanger wurde, beschlossen sie, sich in Armenien niederzulassen, ein Entscheid, den die beiden, Natascha weiss es von Aschot, in letzter Zeit öfters hinterfragen. Einstweilen wächst Sascha zweisprachig auf und ist das einzige Kleinkind im Dorf, mit dem sich Natascha überhaupt unterhalten kann. Alle anderen Kinder sprechen Armenisch und lernen erst in der Primarschule Russisch. Vielleicht deshalb hat sie eine spezielle Bindung zu Sascha entwickelt, die gegenseitig sei, wie Olga bei jedem Besuch betont, ihr auch jetzt wieder zu verstehen gibt: «Sascha ist verrückt nach dir!» – «Und ich nach ihm!» – «Ich weiss. Du kommst doch im Sommer ans Fest, nicht wahr?» – «Ich hoffe es.» Natascha verabschiedet sich von Olga und begibt sich zurück zu den Ställen.

Dort führt ein Hirte gerade das frisch geschorene Schaf weg. Am Boden liegt Wolle, die Aschot mit ein paar raschen Handbewegungen zur Seite schaufelt, bevor er sich erhebt und Herrn Schmidt die Schafschere entgegenstreckt mit den Worten: «Und nun Sie!» Natascha braucht nicht zu übersetzen, die Reisegäste haben die Aufforderung verstanden und brechen in Gelächter aus. Herr Schmidt winkt lachend ab und macht einen Schritt nach hinten. Aschot fährt sich mit dem Handrücken über die Stirn und schaut dabei zu Natascha, die ihm für die Vorführung dankt. Sie klatscht die Hände zusammen und sagt, zur Gruppe gewandt: «Noch Fragen zur Handschur?» – «Nein», meint Herr Schmidt. «Alles klar. Wir übernehmen die restlichen Schafe morgen früh.» Wieder Gelächter. Natascha leitet über: «Wenn Sie keine Fragen haben, schlage ich vor, dass wir zu den Bienenstöcken gehen, bevor es dunkel wird.»

Aschot führt die Reisegruppe ans andere Ende des Dorfes. Dort erklärt er anhand von Bienenwaben und einer selbst gebastelten Schleuder, wie er Honig gewinnt. Paul wirkt besonders interessiert und stellt viele Fragen. Dabei schaut er meistens Aschot an, auch dann, wenn Natascha gerade dolmetscht. Nur zwischendurch sucht er ihren Blick, um mit einer kaum sichtbaren Geste zu signalisieren, dass er eine Frage stellen möchte. Seine Augen haben wieder den gewohnten Braunton, und Natascha kann darin nichts von dem erkennen, was sie vorhin wahrzunehmen meinte. Wahrscheinlich, denkt sie, hat sie sich getäuscht.

Zum Abschluss lädt Aschot zu einer Degustation ein. Die Gruppe versammelt sich um einen Tisch, auf dem mehrere Löffel, gefüllt mit Honig, bereitstehen. Natascha stellt sich neben die Gruppe und überlegt, wie viel Honig sie dieses Mal kaufen und in die Schweiz mitnehmen will. Aschot produziert den besten Honig, den sie kennt, kein Vergleich zu dem, was in Supermärkten zu kaufen ist. Sie ist deshalb gespannt auf die Reaktion der Reisegäste. Sie schaut Paul zu, wie er einen Löffel zum Mund führt. Überraschung zeichnet sich auf seinem Gesicht ab. Dann hört sie, wie er zu Marcel sagt: «Diesen Honig müsste man exportieren. Er ist kein Vergleich zu dem, was bei uns in Supermärkten zu kaufen ist.» Und obwohl Paul genau das ausspricht, was sie denkt, klingt es für sie nun anders.

Natascha beobachtet, wie Paul den Löffel zurück auf den Tisch legt, ihn aber nicht loslässt, sondern gedankenverloren damit spielt. Ob er an den Export denkt? Sie stellt sich vor, wie er im Auftrag eines Konzerns die Verträge für den Export abwickelt, dabei einseitig die Interessen seines Auftraggebers wahrnimmt und Aschot übervorteilt. Sie blickt zu Aschot, der krampfhaft versuchen würde, seine Produktivität zu steigern, um trotzdem einen Gewinn zu erzielen. Er würde sich in Investitionen stürzen, die er sich nicht leisten könnte. Natascha wendet den Blick ab und schaut zu den Häusern, deren Bewohner ihm bei der Honigproduktion helfen würden, sodass bald niemand mehr Zeit hätte, sich um das Vieh zu kümmern, und kein Geld mehr, die Hirten zu bezahlen. Schulden würden aufgenommen und die Schafe tagsüber allein gelassen. Von den Wölfen gegessen und der Gier zerfressen würden sie alle sein. Natascha schaut hinauf zum Himmel und hofft, dass Paul niemals ernsthaft mit dem Gedanken spielt, im Auftrag eines Konzerns die Verträge für den Export dieses Honigs abzuwickeln.

Sie spürt die Bitterkeit, die manchmal in ihr aufkommt, wenn sie in ärmeren Ländern unterwegs ist. Diese Ungleichheit, die ihr plötzlich ins Auge springt. Diese Gastfreundschaft, die sie dann fast nicht mehr aushält, weil sie ihr so unschuldig vorkommt, weil sie sich so schuldig vorkommt. All diese unberührten Orte, die bald keine mehr sind, sondern in den Strudel von Wirtschaft und Tourismus geraten, zu dem auch sie beiträgt. Sie, die jetzt zuschaut, wie Herr Bachmann mit dem Daumen nach oben zeigt und wie Aschot sich darüber freut. Aschot, der Linda ein Glas Honig überreicht und kein Geld dafür will. Aschot, der sich zehnmal bedankt für die Note, die

Rita ihm zusteckt, eine Note, die ihm zu gross erscheint und doch nur die Hälfte dessen ist, was Rita in der Schweiz bezahlt hätte.

Natascha wendet sich ab und sieht dabei, dass Artiom sie beobachtet. Er scheint ihre Gedanken gelesen zu haben, denn als sie sich neben ihn stellt, sagt er so leise, dass nur sie es hören kann:

«Frage an Radio Eriwan: Was ist Kapitalismus?
Antwort: Die Ausbeutung des Menschen durch den Menschen.
Frage an Radio Eriwan: Und was ist Kommunismus?
Antwort: Das Gegenteil.»

Beim Frühstück ist es still am Tisch. Marcel gähnt immer wieder, als möchte er sich über das frühe Aufstehen beklagen. Rita fröstelt. Vorhin, auf der Bank vor Aschots Haus, war ihr trotz Morgensonne kalt. Um sich aufzuwärmen, umklammert sie mit beiden Händen die heisse Teetasse und betrachtet die ausgestopften Tiere, über die der Gastgeber gestern Abend viel erzählt hat. Natascha sucht in ihren Unterlagen die Telefonnummer einer Umweltorganisation, deren Projektleiter die Reisegruppe in zwei Stunden am Arpisee empfangen wird.

«Paul, ist alles normal?», fragt Rita plötzlich, zunächst belustigt, dann besorgt: «Paul?» Natascha schaut auf und sieht, dass Paul wie versteinert dasitzt und mit wässerigen Augen einen imaginären Punkt fixiert. Er wirkt entrückt, so, als hätte er eine Erleuchtung. «Paul?», hakt Rita nach und stellt ihre Tasse zurück auf den Tisch. «Was ist mit dir?» Paul senkt den Blick, schaut auf die Schale vor sich und antwortet: «Ich kann es nicht sagen. Ich glaube, es ist eine Kindheitserinnerung.» – «Eine Kindheitserinnerung?» – «Ja. Dieser, was ist das eigentlich, Quark oder so – er erinnert mich an meine Grossmutter. Bei ihr habe ich genau solchen Quark gegessen. Auch so süss mit einem leicht säuerlichen Abgang, gleiche Farbe, gleiche Konsistenz, genau gleich. Ich kann es nicht fassen.» Er schiebt noch einen Löffel davon in seinen Mund und wiederholt: «Genau gleich.» Rita, die ihn mit grossen Augen anschaut, fragt, ob seine Grossmutter denn Armenierin sei. «Ja», antwortet Paul. «Meine Grossmutter mütterlicherseits war Armenierin. Sie kam in Ostanatolien auf die Welt und musste 1915 mit ihren Eltern fliehen, zunächst in den Libanon. Später wurde die Familie von Frankreich aufgenommen.»

Natascha fällt ein, dass sich Paul beim historischen Vormittag ganz zu Beginn der Reise besonders für die armenisch-französische Beziehung interessierte. Er stellte dem Historiker, der die Gruppe durch den Halbtag führte, viele Fragen zur Aufnahme von armenischen Flüchtlingen durch Frankreich, schon bei der Einführung in das Thema im Konferenzraum des Gästehauses, später im Museum und schliesslich noch einmal, als er auf dem Gelände der Gedenkstätte die Tanne sah, die vor ein paar Jahren von einem französischen Präsidenten gepflanzt worden war. Neben der Tanne stand ein Schild, dessen Inschrift Paul laut vorlas: «La France reconnaît publiquement le génocide arménien de 1915.»

Natascha erinnert sich, wie sie wenige Minuten später über die Aussichtsterrasse schlenderten, von wo der Ararat mit seinem weissen Gipfel an jenem Tag aussah, als liege er gleich hinter der Stadt. Paul war der Einzige, der keine Fotos machte. Stattdessen kam er auf Natascha zu, um sich für den «sehr interessanten Vormittag» zu bedanken. Er habe viel gelernt, sagte er, und die ruhige Erzählweise des Historikers geschätzt. Dass sie, Natascha, aus dem Tagebuch einer Zeitzeugin vorgelesen habe, sei ein sehr berührender Einstieg in die Thematik gewesen. Alle waren nach diesem Halbtag aufgewühlt, und Natascha schenkte Pauls Reaktion nicht mehr Beachtung als derjenigen anderer Reiseteilnehmer. Jetzt, im Nachhinein, gewinnen seine Worte jedoch an Bedeutung.

«Warum hast du bisher nichts von deiner Grossmutter erzählt?», fragt Natascha nun am Frühstückstisch. «Weil», antwortet Paul zögernd, «weil es mir unangenehm ist, so wenig über meine Familiengeschichte zu wissen. Ich war ja noch ein Kind, als meine Grossmutter starb. Da ich in der Schweiz aufgewachsen bin, in der Gegend, aus welcher mein Vater stammt, habe ich mehr Bezug zu meinen Schweizer Verwandten gehabt und mich nie sonderlich für die Herkunft meiner französischen Grossmutter interessiert.» – «Und trotzdem bist du jetzt in Armenien», bemerkt Rita, woraufhin er bestätigt: «Trotzdem bin ich jetzt in Armenien. Und stelle fest, dass es hier den besten Quark der Welt gibt. Den Quark meiner Grossmutter!» Wie auf Kommando greifen Paul, Rita, Marcel und Natascha gleichzeitig zu ihren Löffeln, schaben den letzten Quark aus ihren Schüsseln und summen dabei «mmh», so laut, dass die Gastgeberin aus der Küche ins Wohnzimmer schaut und fragt, ob ihnen das Frühstück schmecke. Natascha fasst zusammen, was Paul soeben erzählt hat. Keine fünf Minuten später steht der Hausherr mit einer Flasche Wodka sowie kleinen Gläsern im Türrahmen und fragt: «Wer von euch ist Armenier?»

«Deine Grossmutter ist also eine Sargsyan?», fragt Natascha Paul kurze Zeit später auf der knapp einstündigen Wanderung zum Arpisee. Paul bleibt stehen und schaut sie verdutzt an. «Woher weisst du das?» – «Heisst sie wirklich Sargsyan?» – «Ja.» Natascha lacht. «Das war ein Witz. Sargsyan ist hier wie bei uns Meier.» – «Das wird meine Nachforschungen erschweren.» – «Du willst Nachforschungen betreiben?» – «Vielleicht.» Er erzählt Natascha, dass seine Mutter im letzten Jahr unerwartet gestorben sei. Das habe bei ihm einiges ausgelöst, auch, weil er realisiert habe, dass er nun keinen direkten Zugang zu seiner armenischen Geschichte mehr habe, dass sozusagen die letzte Informationsquelle versiegt sei. Es komme ihm absurd vor, aber seit dem Tod seiner Mutter interessiere er sich für deren Leben. Natascha fällt der Artikel ein, den sie vor Kurzem in einem Magazin gelesen hat. Es ging um Zeitperspektiven und darum, dass sich diese im Laufe des Lebens verändern können. Demnach tragen Lebensereignisse wie die Geburt von Kindern oder Todesfälle dazu bei, ob ein Mensch eher zukunftsorientiert oder vergangenheitsbezogen ist.

«Hast du Kinder?», fragt Natascha unvermittelt. «Nein», antwortet Paul und schaut sie überrascht an. «Und du, hast du Kinder?» – «Nein.» Paul holt Atem, als wollte er etwas sagen, schweigt dann aber. Natascha schweigt ebenfalls. Die Gegenfrage hat sie irritiert, denn es geht im Gespräch nicht um sie, sondern um ihn und seine armenischen Wurzeln. Doch vermutlich hat er den Grund ihrer Frage nicht erkannt. Wie sollte er auch, denkt sie und will zu einer Erklärung ansetzen, als sie hinter sich ein schrilles Pfeifen hört. Sie dreht sich um und sieht Aschot, der mit den Armen fuchtelt und ihnen bedeutet, mehr nach rechts zu gehen. «Wir sind vom Weg abgekommen», stellt Paul fest. «Ja», sagt Natascha und denkt das Gegenteil, denn es gibt in dieser Gegend keine vorgezeichneten Fusswege. Wer die Strasse verlässt, improvisiert seinen Weg durch die weite Hochebene. Die Orientierung verloren hat sie vielleicht, nicht aber den Weg.

Am Nachmittag fährt die Gruppe in südöstlicher Richtung weiter. Doch in Gedanken ist Natascha immer noch im Bauerndorf, so, wie vermutlich die meisten ihrer Reisegäste auch. Kaum jemand redet auf der Fahrt. Nach einer kurzen Pause in einem Café gibt Natascha das weitere Programm bekannt: «Bald treffen wir in Dilidschan ein. Wir besichtigen zunächst das Zentrum, wo ich etwas zur Geschichte der Kleinstadt erzählen möchte. Anschliessend spazieren wir zum Kunstmuseum. Dort werden wir vom Museumsdirektor und dessen Frau empfangen, in deren Gästehaus wir die Nacht verbringen.» Sie hält kurz inne, bevor sie fortfährt: «Doch bevor wir neue Gastgeber kennenlernen und in einen neuen Ort eintauchen, möchte ich auf die letzten vierundzwanzig Stunden zurückkommen, die wir im Bauerndorf verbracht haben. Denn es war, wie gesagt, eine Premiere, an der Sie teilgenommen haben. Ich wäre deshalb froh um Rückmeldungen, entweder jetzt in der Gruppe oder später unter vier Augen. Ich werde auch mit den Dorfbewohnern darüber reden, um anschliessend mit der Reiseagentur zu entscheiden, ob wir diese Art von Unterkunft im Programm behalten. Möchte sich gleich jemand dazu äussern?»

«Für mich persönlich», beginnt Paul mit ungewohnt leiser Stimme, bevor er sich räuspert und noch einmal beginnt: «Für mich persönlich war es eine sehr intensive Erfahrung. Ich habe keine Worte für das, was mir durch den Kopf geht. Ich bin aufgewühlt, aber das hat auch mit meiner Familiengeschichte zu tun. Auf jeden Fall empfehle ich der Reiseagentur, solche Begegnungen beizubehalten. Es wäre schade, Armenien nur durch den Besuch von Museen und Kirchen zu erleben.» Erst jetzt fällt Natascha auf, dass Paul neben Herrn Luginbühl sitzt, einem Geschichtslehrer im Ruhestand, der sich mit Ahnenforschung beschäftigt. Dessen Gattin sitzt eine Reihe weiter hinten neben Rita. Die beiden Frauen haben sich schon am Morgen, auf der Wanderung vom Arpisee zurück ins Dorf, angeregt unterhalten. Natascha freut sich über die Dynamik in der Gruppe, welche die etwas starren Zweiergrüppchen aufgelöst hat und neue Formationen ermöglicht. Vielleicht deshalb klatscht sie mit, als die Gruppe applaudiert. Ihr ist nicht klar, ob der Applaus ihr, der Reiseagentur oder Pauls Worten gilt.

Dass eine Reise durch Armenien bei gewissen Menschen etwas auslöst, ist nicht ungewöhnlich. Das hat, glaubt Natascha, viel mit der Offenheit zu tun, welche die Reisenden mitbringen. Wer sich auf ein Land wie Armenien einzulassen vermag, wird unweigerlich überrascht. Manchmal trifft sie auf Personen, die etwas ganz Bestimmtes suchen, sich beispielsweise speziell für die armenischen Kirchen interessieren, für das armenische Alphabet oder die armenische Geschichte, dabei aber etwas ganz anderes entdecken. Und manche wollen das Herkunftsland ihrer Vorfahren kennenlernen und lernen dabei in erster Linie sich selbst kennen. Das sagt sie Paul nach dem Abendessen in Dilidschan, als sie sich mit ihrer Nachspeise zu ihm an den Tisch setzt. Marcels Stuhl ist frei geworden, nachdem Rita und Frau Luginbühl ihn an ihren Tisch gerufen haben.

«Wie willst du eigentlich für deine Nachforschungen vorgehen?», erkundigt sich Natascha bei Paul. «Keine Ahnung. Any ideas?» – «Konnte Herr Luginbühl nicht weiterhelfen?» – «Dir entgeht auch gar nichts.» – «Entschuldige.» – «Es war kein Vorwurf.» – «Hast du überhaupt Zeit für Nachforschungen? Ich stelle mir dein Berufsleben sehr, wie soll ich sagen, überladen vor.» – «Ich bin nicht mehr Praktikant, der die Nächte durcharbeitet. Seit ich Partner in der Kanzlei bin, kann ich mir gewisse Freiheiten erlauben.» – «Aha.» – «Und du? Immer noch keine Lust auf Juristerei?» Natascha verdreht die Augen und steht auf. «Entschuldige, ich muss mich um Frau Schmidt kümmern.» Sie lacht und setzt sich wieder. Er lacht mit, doch dann wird er ernst: «Wie lange machst du das noch?» – «Was?» – «Das mit der Reiseleitung.» – «Wie meinst du das?» Sie mag es nicht, dass er ihre Tätigkeit schon wieder in Frage stellt. Doch er macht weiter: «Bei deinen Fähigkeiten!» Gerade als er begonnen hat, diese aufzuzählen, tritt Herr Bachmann an ihren Tisch und bittet Natascha, ihm bei der Verständigung mit seinem georgischen Tischnachbarn zu helfen. Sie hätten ein interessantes Gespräch angefangen, seien jetzt aber an die Grenzen ihrer Englischkenntnisse gestossen. Ob sie mit Russisch aushelfen könne. Natascha ist froh um den Vorwand, sich Pauls Fragen zu entziehen, und steht sofort auf.

Später, in ihrem Zimmer, findet sie eine Nachricht von Jan vor. Ob sie Tigran schon getroffen habe. Nur das: ob sie Tigran schon getroffen habe. Nein, schreibt sie zurück. Nur das: nein.

Am nächsten Morgen setzt sich Natascha zu Rita an den Frühstückstisch und fragt, wie es ihr gehe. «Gut», sagt diese ohne zu zögern. «Ich bin selber erstaunt, wie gut es mir geht. Ich geniesse die Reise sehr. Alles ist so intensiv, dass man gar nicht anders kann als einfach einzutauchen. Zum Beispiel die Sache mit Paul und dem Quark. Das war doch verrückt, nicht?» – «Doch, finde ich auch. Übrigens, wenn man vom Teufel spricht...» Paul scheint nicht zu bemerken, dass am Tisch, an den er sich gerade setzt, über ihn gesprochen worden ist. Die beiden Frauen zwinkern einander zu.

«Noch lange gearbeitet gestern Abend?», wendet sich Paul an Natascha, die zuerst gar nicht versteht, worauf er sich bezieht. «Ach so, du meinst das Gespräch mit dem Georgier. Das war sehr interessant. Herr Bachmanns Tischnachbar war ein Önologe auf dem Weg zu einer Weinmesse in Eriwan. Ich habe das Gespräch zwischen den beiden zwar ermöglicht, aber auch daran teilgenommen und viel gelernt. Ich betrachte solche Momente nicht wirklich als Arbeit. Sonst müsste ich auch das Gespräch jetzt mit euch als Arbeit verstehen. Und das tue ich nicht. Rita hat es soeben treffend gesagt: Auf dieser Reise ist alles so intensiv, dass man gar nicht anders kann als einfach einzutauchen. Das gilt auch für mich als Reiseleiterin.»

Natascha hat nicht den Eindruck, dass Paul ihren Ausführungen folgen kann, denn er sagt: «Als Wirtschaftsanwältin hättest du kürzere Arbeitszeiten.» Sie tut so, als habe sie die Bemerkung überhört, und tauscht ein paar Worte mit der Gastgeberin, die gerade einen Teller mit frischen Blinis auf den Tisch stellt. Nach einer Weile erkundigt sich Rita, wie Natascha mit den Dorfbewohnern über den Besuch der Reisegruppe reden wolle. «Kommst du hierfür nach Armenien zurück?» – «Ja», antwortet Natascha. «Wann?», will nun Paul wissen. «Kommst du mit?», fragt sie zurück, ohne die Einladung wirklich ernst zu meinen. Und wieder ist sie nicht sicher, ob er sie richtig versteht. Ihr fällt ein, dass er Nachforschungen betreiben, also möglicherweise ebenfalls nach Armenien zurückkehren will. Rasch ergänzt sie: «Meinen Reisetermin koordiniere ich vermutlich mit Aschot. Seine Tochter heiratet im Sommer.» – «Aschot vom Bauerndorf?» – «Ja.» – «Du willst an die Hochzeit seiner Tochter gehen?» – «Wenn ich es mir einrichten kann, ja.» – «Gehst du eigentlich an jede Hundsverlochete?»

Natascha findet Pauls Kommentar unpassend. Sehr unpassend sogar. Sie ärgert sich über ihn. Über den Kommentar und über Paul. Dass sie ihm das nicht direkt ins Gesicht sagt, ist einzig Rita zu verdanken. Mit ihr hat sie sich zwar ein bisschen angefreundet, ist dabei aber in ihrer Rolle als Reiseleiterin geblieben. Mit Paul funktioniert das nicht. Er nimmt sie nicht als Reiseleiterin wahr, sondern als Juristin, die in einem Studentenjob hängen geblieben ist. Für ihn ist sie eine, die etwas Laufbahnberatung braucht. Vielleicht nimmt er sie auch als potenzielle Freundin wahr, darauf jedenfalls könnten seine Blicke hindeuten, die sie gestern bei der Führung durch das Kunstmuseum von Dilidschan bemerkt hat. Blicke, die sie erwidert hat. Auch darüber ärgert sie sich.

Natascha holt tief Luft und wendet sich an Paul, als würde sie sich an eine ganze Reisegruppe wenden. Langsam und deutlich, mit einer Stimme, die lauter ist als eben noch, erklärt sie ihm, dass entgegen weitverbreiteter Gerüchte an einer armenischen Hochzeit kein Hund verlocht werde. Ob das früher anders gewesen sei, entziehe sich leider ihrer Kenntnis, aber die moderne Hochzeitsfeier in Armenien, das wisse sie mit Sicherheit, kenne keinen solchen Brauch. Rita lacht. «Bravo, Natascha, gut gekontert.» Daraufhin muss auch Natascha lachen. Sie boxt Paul in den Oberarm, bevor sie aufsteht und den Raum verlässt.

Natascha ist erleichtert, dass Paul beim anschliessenden Ausflug nicht mit dabei ist. Erleichtert ist sie auch darüber, dass er ihr das schon vor ein paar Tagen angekündigt hat und sie es nicht als Reaktion auf ihr Gezanke verstehen muss. Paul hat zu tun: Eine Telefonkonferenz mit London stehe an, wichtige Personalentscheide in der Kanzlei, daneben zwei, drei Dossiers, in die er einen Blick werfen wolle. Er müsse einen Tag lang konzentriert arbeiten können, hatte er ihr schon in Gjumri gesagt. Gemeinsam waren sie das Reiseprogramm durchgegangen, um einen geeigneten Tag zu finden, einen Tag, an welchem die Gruppe am gleichen Ort bleibt oder am Abend an denselben Ort zurückkommt. Die Unterkunft musste ausserdem eine gute Internetverbindung haben. Natascha hatte ihm den freien Tag am Sewansee vorgeschlagen, doch Paul wählte den Tag davor, heute. So könne er, falls in der Kanzlei viel los sei, noch den Tag am Sewansee, morgen, anhängen. «Ihr Wirtschaftsanwälte!», hatte sie in Gjumri gescherzt und sich nicht viel gedacht dabei. Im Nachhinein befürchtet sie, dass sie ihm mit der Bemerkung zu nahe getreten ist und er jetzt deswegen auf ihr herumhackt.

Gleich nach der Abfahrt googelt Natascha auf ihrem Telefon nach «Sanahin und Haghpat». Die beiden Klöster, die heute auf dem Programm stehen, hat sie erst einmal besichtigt, weshalb sie ihr Wissen auffrischen möchte. Sie tippt auf das Display ihres Telefons und scrollt langsam durch einen Text, dann durch einen zweiten. Doch bald lässt ihre Motivation nach und sie beschliesst, sich darauf zu verlassen, dass der Guide, den sie gebucht hat, über das nötige Fachwissen verfügt und wirklich Deutsch spricht, wie ihr vom örtlichen Tourismusbüro zugesichert worden war. Sie legt das Telefon zur Seite, schaut aus dem Fenster und denkt an die letzten Gespräche mit Paul zurück. Sie fragt sich, worüber sie gestern Abend noch geredet hätten, wenn sie nicht von Herrn Bachmann unterbrochen worden wären. Paul hatte gerade damit begonnen, ihre Fähigkeiten aufzuzählen, angefangen bei ihren Russischkenntnissen, wofür sie, wie er anfügte, in der Wirtschaftswelt gefragt wäre. Ob ihre Russischkenntnisse auch in seiner Kanzlei gefragt wären? Sie stellt sich vor, wie sie sich bei der Abwicklung von Geschäften mit russischen Oligarchen um die rechtlichen Rahmenbedingungen kümmern würde. War es das, was Paul meinte? Sie denkt an den Honig, an dessen Export und an die Bitterkeit, die beim Gedanken daran aufkam. Die Bitterkeit, die auch jetzt aufkommt.

Um sich abzulenken, wendet sie sich Artiom zu und fragt ihn nach seinem Lieblingslied seines Lieblingssängers. «La Bohème natürlich», antwortet dieser ohne zu zögern und schaltet die Musikanlage ein. Natascha kennt das Lied auswendig und singt ein paar Zeilen mit: «Moi qui criais famine et toi qui posais nue, la bohème, la bohème, ça voulait dire on est heureux.» Dabei denkt sie unweigerlich an Jan und stellt sich vor, wie er ihr dereinst, frei nach Charles Aznavour, sagen wird: «Ich litt Hunger und du standest nackt Modell. Es waren glückliche Zeiten. La Bohème, diese Künstlerwelt!»

Der Gedanke daran amüsiert sie, obwohl oder gerade weil ihr der Text sehr klischiert vorkommt. Und doch fragt sie sich, ob Jan irgendwann einen verklärten Blick auf seine jetzige Phase werfen wird, später, als etablierter Künstler. Wird er je ein etablierter Künstler sein? Wann? In fünf Jahren schon? Oder in zwanzig erst? Und wird er dann nostalgisch auf die schwierigen Jahre zurückblicken? Vielleicht wird er, in zwanzig Jahren erst oder schon in fünf, einem Broterwerb nachgehen, als Werbefotograf etwa, und nur noch an den Wochenenden hin und wieder ein Aquarell malen. «Woran denkst du?», fragt Artiom plötzlich, woraufhin Natascha, um nicht antworten zu müssen, die letzten Strophen des Liedes mitsingt: «La bohème, la bohème! On était jeunes, on était fous. La bohème, la bohème! Ça ne veut plus rien dire du tout.»

Die Fahrt kommt Natascha unendlich lang vor. Und immer wieder schweifen ihre Gedanken zu Paul, der alles daran zu setzen scheint, sie zu provozieren. Allerdings, dessen ist sie sich sehr wohl bewusst, liegt den Provokationen vor allem eines zugrunde: Aufmerksamkeit, die er ihr zuteilwerden lässt und die ihr jetzt fehlt. Den ganzen Tag über fehlt sie ihr, fehlt ihr Paul. Die Reisegruppe kommt ihr uninteressanter vor als gestern. Uninteressierter auch, was nicht nur ihr auffällt. Als der perfekt deutschsprechende Guide die Gruppe durch eine Kirche der Klosteranlage Haghpat lotst, etwas gar schnell, wie Natascha findet, und die Reisegäste hinterherschlurfen, etwas gar unbeteiligt, wie sie dünkt, tippt ihr Marcel auf die Schulter und zählt im Flüsterton auf, was Paul jetzt alles fragen würde: «Könnten Sie mir bitte sagen, woran Sie den byzantinischen Stil in der Vorhalle der Kirche erkennen? Und was stellten die nicht mehr sichtbaren Fresken dar, die Sie vorhin erwähnt haben? Wenn Sie mir noch eine Frage erlauben: Weshalb wurde das eine Kloster bereits 1996 in die Welterbeliste der UNESCO aufgenommen, das andere dagegen erst vier Jahre später?» Natascha muss lachen, aber eigentlich sind es genau solche Fragen, die ihr fehlen. Sie vermisst Pauls Neugier. Und Pauls Blicke.

Auf der Rückfahrt greift sie in ihre Tasche und nimmt die Tafel Schokolade heraus, die Paul ihr am Morgen mitgegeben hat. Sie bricht sie in mehrere Stücke, bevor sie die Verpackung öffnet und zu Artiom hinüberstreckt. Dieser nimmt ein Stück und fragt: «Aus der Schweiz mitgebracht?» – «Von Paul erhalten.» Artiom lacht. Natascha fragt ihn, was daran lustig sei. Doch er winkt ab und drückt an der Musikanlage herum, bis Charles Aznavour singt: «Sheee may be the face I can't forget.» Natascha schüttelt den Kopf und sagt: «Artiom Dschan, du übertreibst.»

Paul wartet bereits vor dem Gästehaus, als die Gruppe am späten Nachmittag in Dilidschan eintrifft, um ihn vor der Weiterfahrt zum Sewansee abzuholen. Er sieht müde aus. Bevor Natascha aussteigt, dreht sie sich zur Gruppe um und erklärt, dass die Fahrt in zehn Minuten weitergehe. Die meisten sind froh, sich nach der langen Reise die Beine vertreten zu können. Natascha geht auf Paul zu und überreicht ihm eine Tüte, in die sie ein paar Andenken gepackt hat. «Für dich.» – «Oh, wie lieb von dir!» Als er in der Tüte wühlt, dabei Postkarten von Sanahin und Haghpat, ein kleines Buch über die Geschichte der beiden Klöster sowie einen Magneten entdeckt, verwandelt sich sein Gesicht in ein grosses Lächeln, das seine Müdigkeit im Nu zu schlucken scheint. Seine Augen leuchten, auch später noch, als er im Kleinbus die Andenken einzeln auspackt und mit Marcel betrachtet. Natascha sieht es, als sie sich vor der Abfahrt umdreht, um ihre Schäfchen zu zählen.

Beim Abendessen am Sewansee wirkt Paul abwesend. Natascha sitzt am Nebentisch und beobachtet, wie er zwischendurch auf sein Telefon schaut. Er sieht nicht so aus, als würde er morgen den freien Tag geniessen können. Wahrscheinlich wird er im Bungalow bleiben und arbeiten. Sie vermutlich auch, denn sie hat sich vorgenommen, mit dem Bericht an die Reiseagentur anzufangen. Zudem sind in den letzten Tagen ein paar Mails eingetroffen, die sie beantworten sollte. Auch sie ist müde und freut sich auf ihren Bungalow. Unten ein Wohnzimmer mit Sofa, oben zwei Schlafzimmer. Für zwei Nächte und einen Tag hat sie ein Zuhause, das grösser ist als ihre Wohnung. Eigentlich würde sich Natascha am liebsten gleich nach dem Abendessen dorthin zurückziehen. Doch das Programm geht weiter.

Für heute Abend ist mit einem armenischen Journalisten eine Diskussionsrunde geplant, welche Natascha in Absprache mit der Reiseagentur kurzfristig ins Programm aufgenommen hat, damit sich die Gruppe mit den neuesten politischen Entwicklungen im Land vertraut machen kann. Letzten Monat, als Armenien wegen heftiger Proteste jeden Tag in den Schlagzeilen war, hatte Natascha Annullationen erwartet, sogar befürchtet, dass die Reise abgesagt werden müsse. Zu ihrem Erstaunen traf bei der Agentur nur eine einzige Annullation ein, aber diese hatte, das weiss sie inzwischen, nichts mit den Unruhen zu tun.

Die Reisegäste haben gewagt, in ein Land zu reisen, in welchem vor Kurzem eine Revolution stattgefunden hat. Nicht eine blutige, sondern eine samtene. «Velvet Revolution», titelte eine britische Zeitung, die Natascha vor wenigen Wochen gelesen hat. Der Titel gefiel ihr. Noch mehr verzaubert sie die französische Übersetzung, «révolution de velours», weil hier auch die Reihenfolge stimmt: Revolution des Samtes. Zuerst die Revolution, mit der Gewalt assoziiert wird. Erst dann der Samt, der in einem Widerspruch zur Revolution zu stehen scheint und dadurch eine reizvolle Spannung erzeugt, als würde sich ein samtener Mantel um die Revolution legen und deren Härte aufheben.

Sie interessiere sich nicht für Revolutionen, sagt ihr Frau Schmidt beim Abendessen. Auch andere Teilnehmer melden sich für den Abend ab: Herr und Frau Bachmann wollen ihre Fotos sortieren und eine Auswahl davon in ihren Blog stellen, Linda und ihre Schwester sind müde. Schliesslich schart sich nur eine kleine Gruppe um den Journalisten und hört dessen Erzählungen zu. Von den wenigen Anwesenden wirken nicht alle interessiert. Herr Schmidt tippt immer wieder auf seinem Telefon herum. Wahrscheinlich will Frau Schmidt wissen, wie lange die Veranstaltung denn noch dauere. Rita bemüht sich, den Ausführungen des Journalisten zu folgen, und macht ein paar Notizen, aber sie wirkt erschöpft. Auch Marcel sieht müde aus. Paul hingegen ist ganz bei der Sache. Er stellt viele Fragen, direkt auf Englisch, und wiederholt sie jeweils auf Deutsch für diejenigen, die sie nicht verstanden haben. Manchmal dolmetscht er auch Herrn Luginbühls Fragen sowie die Antworten des Journalisten. Und wenn sich niemand zu Wort meldet, setzt er gleich zur nächsten Frage an. Irgendwann beginnt auch der Journalist, Fragen zu stellen. Beispielsweise will er wissen, wie die Berichterstattung über die Revolution in Westeuropa ausgefallen sei und wie Armenien in der Schweiz wahrgenommen werde. Die Diskussionsrunde entwickelt sich immer mehr zu einem Gespräch zwischen Paul und dem Journalisten, an dem Herr Luginbühl eine Weile lang teilnimmt, bevor auch er sich ausklinkt.

«Danke», sagt Natascha später zu Paul, als sie sich vom Journalisten verabschiedet haben und gemeinsam über die Hotelanlage zu den Bungalows schlendern. «Danke fürs Dolmetschen und für dein Interesse.» – «Danke dir», antwortet Paul.

«Danke dir für alles.»

Natascha hört sie noch lange, diese sechs Worte, die sich genauso sanft angefühlt haben wie die Berührung, von der sie begleitet waren. Paul hat seine Hand über ihren Unterarm gestreift, so vorsichtig, dass sie sich getäuscht haben könnte und er sie vielleicht gar nicht berührt hat. Doch er hat sie berührt. Sie spürt es auch eine halbe Stunde später noch, als sie im Bett liegt und im Dunkeln den sechs Worten lauscht.

Nach dem Frühstück zieht sich Natascha in ihren Bungalow zurück und beantwortet die Anfrage einer Hilfsorganisation, für die sie hin und wieder Texte verfasst. Gerade als sie die Antwort abschicken will, ertönt eine Melodie aus dem Computer. Gleichzeitig öffnet sich auf dem Monitor ein Fenster. Natascha nimmt ihre Finger zu spät vom Touchpad oder klickt im falschen Moment. Noch bevor sie etwas unternehmen kann, erscheint Jan auf ihrem Bildschirm. Nur in Shorts, die Haare zerzaust, wahrscheinlich frisch aus dem Bett. Er winkt. Sie schaut auf die Uhr und rechnet: minus zwei Stunden.

«Was macht ein Künstler um halb acht am Computer?» – «Einer Reiseleiterin nachspionieren.» Sie muss lachen. Aber eigentlich mag sie es nicht, jetzt von ihm kontaktiert zu werden. Ihn so zu sehen. Er, entspannt bei sich zu Hause, sie bei der Arbeit. Sie hat ihrer Reisegruppe gesagt, dass sie bei Fragen im Bungalow zur Verfügung stehe. Jeden Moment könnte Herr Schmidt an die Tür klopfen und sich nach dem Weg zur Halbinsel erkundigen. Oder Linda, die wissen möchte, wie viel ein Taxi zum mittelalterlichen Friedhof von Noratus kostet. Natascha verbringt hier keine Ferien. Sie arbeitet. Was will Jan? Was sie will, weiss sie: Abstand von Jan, Funkstille und nach der Reise weiterschauen.

Doch jetzt ist Jan da, sitzt praktisch bei ihr im Bungalow, fast nackt, und ruft: «Mensch, entspann dich! Oder soll ich dich entspannen?» Er zieht am Elast seiner Shorts, so weit, dass sie seine Schamhaare sehen kann. «Jan, spinnst du? Ich arbeite!» Dann lässt er den Elast spicken und fällt rückwärts auf das Sofa, als hätte ihn die Wucht des Elasts weggeschleudert. Damit bringt er sie zum Lachen. «Du bist kindisch, Jan.» – «Ich habe eine Überraschung!» – «Das interessiert mich nicht.» – «Glaube ich nicht.» Jan steht auf, geht ein paar Schritte und verschwindet dadurch aus ihrem Bildschirm. Er ruft ihr etwas zu, das sie nicht versteht.

Natascha schaut immer noch auf den Bildschirm und betrachtet das Sofa, auf dem Jan eben noch sass und wo jetzt, statt seiner, nur noch ein paar zerknautschte Kissen liegen. Auf dem Boden stapeln sich zerfledderte Zeitschriften und Zeitungen. Neben dem Sofa erkennt sie einen kleinen Ausschnitt des Regals, auf dem Jan seine Malutensilien aufbewahrt. Sie sieht Farbtuben und Pinsel in verschiedenen Grössen, eine Schere und Leim.

Dann gleitet Nataschas Blick über den oberen Bildschirmrand hinweg aus dem Fenster, zum Schwimmbecken, das in der Mitte der Hotelanlage steht. Sie schaut einer Familie zu: zwei Kinder mit Schwimmringen im Wasser, der Vater, der die beiden hin- und herschiebt, die Mutter, welche die drei vom Beckenrand aus fotografiert. Ein Mann mit Sonnenbrille kommt hinzu und gestikuliert, woraufhin die Frau ihm den Fotoapparat überreicht und ins Wasser steigt, um mit ihrer Familie zu posieren. Erst jetzt erkennt Natascha, dass es Marcel ist, der die Familie fotografiert. Zu ihm stossen drei weitere Personen: Linda, ihre Schwester und Paul. Paul! Ihn hat Natascha beim Frühstück nicht gesehen. Sie hat deshalb angenommen, er sei vor ihr aufgestanden und arbeite bereits. Doch jetzt steht er am Schwimmbecken und unterhält sich mit dem Geschwisterpaar. Plötzlich dreht er sich um und schaut zu ihrem Bungalow, zur Tür, nicht zum Fenster. Hinter dem Vorhang hätte er sie ohnehin nicht gesehen. Trotzdem zuckt sie leicht zusammen. Nur kurz, denn schon hört sie Jan rufen und schaut wieder auf den Bildschirm.

Das Bild mit dem Sofa und dem kleinen Ausschnitt des Regals wackelt. Jan scheint den Laptop zu verschieben, denn der Bildausschnitt wird nun grösser. Im Mittelpunkt steht immer noch das Sofa, zu welchem Jan jetzt einen sperrigen Gegenstand trägt. Es sieht aus wie ein mit einem weissen Leintuch überzogenes Gemälde, hinter dem Jan fast ganz verschwindet, als er sich auf das Sofa setzt. Er reckt den Kopf und winkt, sie winkt zurück. Er hebt den Stoff ein wenig an und schaut auf das, was darunter ist, vielleicht, um zu kontrollieren, dass das Objekt richtig steht, vielleicht auch nur, um die Spannung zu steigern. Danach schaut er in die Kamera, Natascha in die Augen, und ruft: «Bist du bereit?» – «Ja.» – «Sicher?» – «Jaaa-aaa!»

Jan zieht den Stoff weg.

Das Bild. Eine Kombination aus Malerei und Collage. Verschlägt Natascha die Sprache. Sie schaut es lange schweigend an, will etwas sagen, holt Atem, und findet doch keine Worte. Das Bild ist anders als alle Bilder, die sie von Jan kennt. Ein Sprung in seiner künstlerischen Entwicklung, das erkennt sie sofort. Nur mit ein paar wenigen, kraftvollen Pinselstrichen hat er sie gemalt. In Blau. Wie eine Skizze sieht ihr Porträt aus und wirkt doch vollendet.

Natascha denkt an die kubistischen Bilder von Picasso, vor denen sie in Museen manchmal lange stehen bleibt und sich fragt, wie die abgebildete Frau in Wirklichkeit ausgesehen haben mochte und ob die Porträtierte in der Lage war, sich selbst in den scheinbar zufällig zusammengewürfelten Gesichtsteilen zu erkennen. Wie sich das mit den von Picasso gemalten Frauen verhält, weiss Natascha bis heute nicht. In den verschachtelten Gesichtsteilen, die sie jetzt auf ihrem Bildschirm betrachtet, erkennt sie sich jedoch mühelos. Ihr Porträt sieht aus, als hätte Jan ein altes Bild von ihr in einzelne Teile – in Lippen, eine Nase, zwei Augen, Brauen und Ohren – zerlegt und diese neu angeordnet. Trotz dieser Verschachtelung wirkt ihr Gesicht harmonisch und gibt genau sie, Natascha, wieder. Nicht sie, wie sie auf Fotos zu sehen ist, sondern sie, wie sie sich fühlt. Jan hat ihre Innenseite nach aussen gekehrt. Dazu gehören auch die zwei grossen, roten

Punkte, die unterhalb ihres Kopfes auf einer unsichtbaren Diagonale liegen und nicht nur farblich auffallen, sondern sich durch eine sorgfältige Ausarbeitung vom Rest des Bildes abheben. Ihre Brustwarzen, wie er sie noch nie gemalt hat. Bisher waren ihre Brüste eher eine Beiläufigkeit gewesen, mit welcher Jan ihre Nacktheit antönte. Jetzt drücken sie Leidenschaft aus.

Natascha ist elektrisiert.

Als sie den Blick endlich vom Bild lösen kann und Jan anschaut, sieht sie seine Augen, die auf ihr ruhen, vermutlich schon die ganze Zeit auf ihr geruht haben. Da Jan nicht direkt in die Kamera schaut, sondern seinen Blick auf den Bildschirm unterhalb der Kamera gerichtet hat, sieht es aus, als betrachte er ihr Kinn. Vielleicht gerade deshalb fällt ihr auf, wie konzentriert er sie beobachtet. Es ist dieser intensive Blick, mit dem er sie im Atelier angeschaut und skizziert hat. So, wie sie auf dem Bild dargestellt ist, sieht er sie. Genau so, wie sie sich fühlt. Nackt kommt sie sich plötzlich vor. Nackt und ausgeliefert. Natascha betrachtet Jan wortlos und spürt, wie sich ihr Kopf hin- und herbewegt. Und wie ihr Tränen in die Augen schiessen.

In diesem Moment klopft jemand an die Tür ihres Bungalows. Flüchtig verabschiedet sie sich von Jan, klappt den Laptop zu, steht auf und öffnet die Tür. Draussen steht Tamara mit dem Staubsauger. «Darf ich?», fragt sie. «Natürlich!»

Während Tamara den Bungalow reinigt, setzt sich Natascha auf den Balkon und schreibt Jan auf dem Telefon eine Nachricht: «Ich bin überwältigt...» Und gleich eine zweite hinterher: «... aber kein Punk!» Jan hatte sich, wie zu vermuten war, von ihrer Entdeckung auf dem Friedhof inspirieren lassen. Über ihrem Porträt steht mit aus Zeitungen und

Zeitschriften ausgeschnittenen Buchstaben «Punk forever» geschrieben. Es wirkt, als seien diese elf Buchstaben um sie herumgeflogen und hätten nur zufällig zwei Worte ergeben, bevor sie weiter durch die Luft über ihr wirbeln und neue Formationen bilden würden. Die Buchstaben kamen, so suggeriert das Bild, von unten, von einem Buchstabenmeer, in welchem Natascha steht oder sitzt, so genau ist das nicht erkennbar, und aus welchem einzelne Buchstaben evaporieren. Ein paar Buchstaben hat Jan, scheinbar zufällig, um ihr Porträt geklebt, einige verdreht, als schwirrten sie um Natascha herum.

Jan will weiterreden. «Jetzt nicht», schreibt Natascha zurück. Darauf er: «Wann hast du Zeit?» – «Ich melde mich am Abend.» Sie bittet ihn, ihr ein Foto des Bildes zu mailen, damit sie es später in Ruhe anschauen kann. Sie braucht Zeit. Jan ist ihr zu intensiv, zu dominant. Sie muss ihn dosieren. Auch das Bild muss sie dosieren, jedes Detail ganz genau anschauen. Für all das braucht sie den richtigen Moment. Sie schaut nach vorne zum Seeufer und es kommt ihr vor, als blicke sie nach vorne in eine andere Welt. Sie sieht Paul und Marcel, die auf dem Steg sitzen und ihre Füsse ins Wasser baumeln lassen. Hinter ihnen steht Linda mit ihrem Hütchen, daneben ihre Schwester, die sich mit den beiden Jungs unterhält. Etwas weiter links hantiert Arman an einem Boot. Gestern Abend erwähnte Arman, dass er heute eine Bootsfahrt auf die Halbinsel anbieten würde. Wenn diese jetzt stattfindet, will Natascha sie nicht verpassen. Rasch packt sie ein paar Sachen zusammen, bittet Tamara, nach der Reinigung den Schlüssel am Empfang zu hinterlegen und geht die paar Schritte zum Seeufer hinunter.

Linda will Natascha mit ihrer Schwester fotografieren. Ihre Schwester will Natascha mit Linda fotografieren. Marcel steht auf und bietet an, alle drei zusammen zu fotografieren, zuerst mit Lindas Kamera, anschliessend mit der Kamera ihrer Schwester. Paul ist auf dem Steg sitzen geblieben und beobachtet die Szene. Jetzt, da Nataschas Blick auf ihn fällt, tätschelt er mit der flachen Hand den Platz neben sich. Sie folgt seiner Einladung, setzt sich zu ihm, zieht ihre Sandalen aus und lässt ihre Füsse ebenfalls ins Wasser gleiten. Er schaut sie von der Seite an. «Angenehm, nicht? Möchtest du etwas trinken?» Dankend greift sie nach der Flasche, die er ihr reicht. Paul wirkt entspannt. Sie beschliesst, ihn nicht auf seine Arbeit anzusprechen. Und hofft insgeheim, dass auch er es nicht tut. Als sie Paul die Flasche zurückgibt, berühren sich ihre Finger.

Marcel hat sich zu Arman gesellt, obwohl die beiden keine gemeinsame Sprache haben, in welcher sie sich unterhalten könnten. Und trotzdem reden sie, was Paul und Natascha amüsiert. Da sie nicht hören können, was sich die beiden sagen, erfinden sie ein Gespräch. Wenn Marcel den Mund bewegt, redet Paul. Wenn Arman etwas sagt, redet Natascha mit tiefer Stimme. So: «Dir gefallen meine Boot?» – «Beste Boot der Welt!» – «Ist U-Boot.» – «U-Boot?» – «Ja, mit diese Boot kann tauchen. Nur tauchen kann mit diese Boot. Nix schwimmen.» Paul lacht laut auf, woraufhin Marcel zu ihnen schaut und mit den Schultern zuckt. Wahrscheinlich steht er nur deshalb bei Arman, damit er Paul und Natascha nicht stört. Dass er ihnen auch gleich Unterhaltungsstoff bietet, scheint ihm nichts auszumachen.

Arman winkt Natascha herbei und erklärt ihr, dass er dem Ufer entlang zur Halbinsel fahren werde, eine Fahrt von ungefähr zehn Minuten. Sie vereinbaren einen Preis. Kurz darauf balancieren alle fünf mit Armans Hilfe ins schaukelnde Boot. «Kannst du das verantworten?», ist das Letzte, das sie von Paul hört. Dann setzt der Motorenlärm ein. Natascha hat sich eine ruhige Überfahrt vorgestellt und erschrickt. Marcel hält sich die Ohren zu. Paul grinst. Schliesslich bitten die Schwestern, man möge den Motor doch bitte abschalten. Ob die Männer denn nicht rudern könnten?

Doch, sie können! Natascha sitzt mit Linda und deren Schwester am Bug, während sich Marcel, Paul und Arman beim Rudern abwechseln. Sie setzt ihren Sonnenhut auf und bemerkt lachend, dass ihr Job wirklich traumhaft schön sei und auch überhaupt nicht anstrengend. Dabei blickt sie auf den See, dessen Oberfläche im Sonnenlicht glitzert. Sanft klatschen die Ruder ins Wasser, bevor sich das Boot mit einem leichten Ruck bewegt und danach einen Moment still auf der Wasseroberfläche gleitet. Und wieder ist ein sanftes Klatschen zu hören und wieder ein leichter Ruck zu spüren. «Wirklich traumhaft schön», findet auch Linda und will wissen, wohin denn Nataschas nächste Reise führe. «Nach Odessa, eine Stadt, die Sie interessieren könnte», antwortet diese unumwunden. Denn sie mag die zwei Frauen, die zwar manchmal etwas unselbstständig sind, aber stets liebenswürdig, oft sogar ausgesprochen witzig. Sie kennen ihre Grenzen und haben sich auf der Reise mehrmals aus dem Programm ausgeklinkt, um ihre Kräfte zu schonen. Als die Gruppe beispielsweise zum Arpisee wanderte, blieben sie im Dorf. «Um den Frauen beim Kochen zuzuschauen», wie sie sagten. Doch von Olga weiss Natascha, dass sie den Frauen nicht zugeschaut, sondern geholfen haben. Sie schätzt die unkomplizierte Art der beiden Schwestern und erzählt ihnen deshalb nicht ungern von Odessa, vom Opernhaus und von den Konzerten in der Philharmonie, vom russischen Theater und von den Museen, die Puschkin und der Literatur gewidmet sind. Auch die Literaturtage erwähnt sie und schwärmt vom französischen Flair der Stadt, von den mit Platanen gesäumten Boulevards und den Chansons in den Strassencafés. Das Schwarze Meer, natürlich, das Schwarze Meer dürfe sie nicht vergessen, schiebt sie nach und zählt weiter auf: die Strände und auch den Hafen, zu dem man über die Potemkinsche Treppe gelange, eine Ikone der Filmgeschichte, die rauf- und runtersteigen müsse, wer später in die Stadt zurückkehren möchte. Sie selbst habe das schon so oft getan, dass sie bis ins hohe Alter nach Odessa reisen werde. Wann die Reise denn stattfinde, will Linda wissen. In der zweiten Septemberhälfte, antwortet Natascha und ergänzt, dass es ihres Wissens noch freie Plätze gebe. Linda habe eher an eine Reise im nächsten Jahr gedacht. Da stehe, sagt Natascha, vermutlich St. Petersburg auf dem Programm, aber diese Reise sei erst in Planung.

Linda wird nächstes Jahr wieder an einer von ihr geleiteten Reise teilnehmen, vielleicht an derjenigen nach St. Petersburg. Nächstes Jahr, denkt Natascha, wer weiss schon, was nächstes Jahr sein wird. Ihre Tätigkeit als Reiseleiterin zwingt sie zwar dazu, das Jahr zu planen, ein paar Pflöcke einzuschlagen, um die herum sie ihre anderen Tätigkeiten, auch ihr Privatleben, webt. Und zweifellos geben ihr diese Pflöcke Halt, stabilisieren ihre Existenz als Freelancerin, nicht nur finanziell, sondern auch sonst, denn die Leere und das Nichtwissen, wann wie viele Aufträge eintreffen, wären sonst nicht auszuhalten. Doch im Grunde hält sie sich immer die Option einer radikalen Veränderung offen. In einem Jahr, denkt sie, steht sie vielleicht ganz woanders, wird sie ihre Nische gefunden und all ihre Zweifel abgeworfen haben. Sie denkt an das Bild, das Jan von ihr gemalt hat, und fragt sich, welche Worte in einem Jahr über ihr stehen werden. Immer noch «Punk forever»?

Die Überfahrt zur Halbinsel dauert anstatt zehn Minuten über eine Stunde. Gegen Ende schimpft Arman. Von den russischen Gästen habe sich noch nie einer über den Motorenlärm beklagt. Er werde sich hüten, je wieder westeuropäischen Touristen eine Ausfahrt vorzuschlagen. Obwohl er dabei lacht, hat Natascha den Eindruck, dass er es ernst meint. Sie schweigt. Marcel hat Europa und Russland gehört und will wissen, ob Arman über Politik rede. Natascha verneint. Es sei Arman eine Ehre, lügt sie, auch einmal europäische Touristen auf die Halbinsel fahren zu dürfen, sonst hätten sie fast ausschliesslich russische Gäste.

Nach dem Ansetzen auf der Halbinsel bezahlt sie Arman mehr als vereinbart war und beschliesst, noch eine Weile bei ihm am Ufer zu bleiben, um die Wogen zu glätten. Doch dieser muss sogleich zurückfahren, «nun mit Motor», wie er betont, «um rechtzeitig zur Mittagsschicht im Restaurant zu sein». Jetzt versteht sie seine Ungeduld. Sie bleibt trotzdem am Ufer zurück und unterhält sich dort mit ein paar Fischern, während Paul und Marcel mit den beiden Schwestern zum Kloster Sewanawank hochsteigen.

Vom Ufer ist es nicht weit zu einem kleinen Markt, wo Souvenirs verkauft werden. Dorthin schlendert Natascha nun und schaut sich kurz darauf die Auslage des ersten Standes an. Sie erkennt den runden Magneten wieder, den sie Jan vor drei Jahren mitgebracht hat und der seither dessen Kühlschrank ziert. Darauf abgebildet ist eine der beiden Klosterkirchen auf dem Hügel der Halbinsel, dahinter der See, Berge und Himmel in übersättigten Farben. Rundherum ein gelb-oranger Rahmen mit der Aufschrift ARMENIA und SEVAN. Jan war begeistert und bat sie, ihm fortan von jeder Reise einen Magneten dieser Art mitzubringen. Seither ist sein Kühlschrank dekoriert mit allerlei Magneten, die sich gegenseitig an Verspieltheit zu überbieten scheinen. Ein «Feuerwerk an Kitsch» nennt Jan seine Sammlung.

Auf dieser Reise ist es ihr gar noch nicht in den Sinn gekommen, Jan einen Magneten zu kaufen. Eigentlich, findet Natascha, hat sie ihren Vorsatz, nicht an ihn zu denken, bis vor zwei Stunden recht gut eingehalten. Bis vor zwei Stunden, als er mit diesem überwältigenden Bild in ihr Leben geplatzt ist.

Jetzt ist er wieder da. Und bringt alles durcheinander. In Gedanken vertieft blättert sie einen Stapel Postkarten durch: das Kloster Sewanawank, ein Sonnenuntergang am Sewansee, I LOVE ARMENIA, wieder das Kloster Sewanawank, noch einmal I LOVE ARMENIA, danach der Sonnenuntergang, zweimal Sewanawank, eine Serie Winterbilder, I LOVE ARMENIA, einmal Sonnenuntergang, viermal Sewanawank, am Schluss wieder Winterbilder. Alles ist durcheinander, ärgert sich Natascha, und legt die Karten vor sich aus, um sie zu ordnen. «Nicht nötig», findet der Verkäufer, ein älterer Mann mit einer Zigarette, die an der Unterlippe klebt und schaukelt, wenn er redet. «Schon erledigt», entgegnet sie und geht weiter.

Eine der Marktfrauen erinnert sich an Natascha und will wissen, ob sie mit einer Gruppe hier sei. Als Natascha bejaht, fragt die Marktfrau, wie die Geschäfte laufen, vielleicht auch, wie es ihr gehe, auf Russisch wird nicht unterschieden. «Gut», lautet so oder anders die Antwort, hier unterscheidet Natascha nicht. Sie kennt die Marktfrau nur flüchtig und kann mit ihr die aktuelle Gefühlslage nicht besprechen. Eigentlich schade, denn gern würde sie mit jemandem eine Auslegeordnung vornehmen, so, wie sie vor wenigen Minuten die Postkarten vor sich ausgebreitet und sortiert hat. In Gedanken legt sie vor sich aus: Jan, Paul, Paul, Jan, Paul, Jan, Paul, Paul. Die Namen sind rasch sortiert und im Grunde ist es einfach: Jan ist ihr zu intensiv und Paul verwirrt sie, Paul berührt sie.

Ansonsten geht es ihr gut. «Danke», schiebt sie nach und erkundigt sich nach den Grosskindern. In der Schule seien sie, antwortet die Marktfrau. «Schon? Das waren doch erst noch Babys!» Natascha kann sich gut an den Kinderwagen hinter dem Marktstand erinnern. Sie wunderte sich damals, dass die Kinder hier schlafen konnten, vor allem im Sommer, wenn es nicht nur unerträglich heiss ist, sondern auch laut. Grosse Reisebusse, wovon einige mit iranischen Kennzeichen, fahren dann vor, und Touristengruppen verstopfen den schmalen Weg hinauf zum Kloster.

Die Marktfrau erzählt, dass der Schwiegersohn neu in Russland arbeite und die Tochter derzeit eine Stelle in Eriwan suche. Das mit der Stellensuche sei nicht einfach, schiebt sie nach. Ob die Tochter denn keine Saisonstelle hier am See finden könnte, fragt Natascha. Könnte vielleicht schon, antwortet die Marktfrau, aber die Löhne seien sehr tief. Eriwan wäre besser. Am besten sei Russland. Aber halt weit weg. Sie zuckt mit den Schultern: «Was willst du? So ist das Leben.» Sie scheint das Leben zu kennen, die Marktfrau, vielleicht sollte sich Natascha ihr doch anvertrauen.

Stattdessen verabschiedet sie sich und geht weiter, lässt schon bald die letzten Marktstände hinter sich und begibt sich zum Schriftstellerhaus, das etwas tiefer auf der Halbinsel liegt und zu Nataschas Lieblingsorten gehört. Es ist ein Kleinod an sowjetischer Architektur, das aus zwei Gebäuden besteht: dem weissen Gästehaus aus den Dreissigerjahren mit seinen kleinen, dem See zugewandten Balkonen und dem spektakulären Speisesaal aus den Sechzigerjahren, der als runder Vorbau mit Fensterfront zum See praktisch freischwebend ist. Beide Gebäude sind an den Hang unterhalb der Klosteranlage gebaut und erzeugen zu diesem historischen Ort einen Kontrast, an dem sich bis heute viele Besucher stören. Punkto Sowjeterbe bedauert Natascha hingegen etwas anderes, nämlich, dass der Wasserpegel des Sewansees als Folge von massiven Bewässerungsprojekten vor vielen Jahrzehnten so stark sank, dass die einstige Klosterinsel zu dem mutierte, was sie heute ist: eine Halbinsel.

Als hätte er sie erwartet, sitzt Alioscha auf der Bank unter dem Speisesaal und raucht. Hinter ihm ragt der massive Betonpfeiler in die Höhe, der den runden Vorbau trägt. «Siurpris,

siurpris!», ruft Alioscha, als er sie herankommen sieht. «Überraschung, Überraschung!», wiederholt er, als sie vor ihm steht. Sein Lachen legt zwei Goldzähne frei. Natascha, ebenfalls strahlend, schüttelt ihm die Hand, bevor sie sich neben ihn auf die Bank setzt. «Und?», fragt sie. «Und?», fragt er zurück. So beginnt jedes Gespräch mit Alioscha, seit sie ihn vor ein paar Jahren unten auf dem Parkplatz kennengelernt hat. Sie hatte das Schriftstellerhaus besichtigen wollen, jedoch die Türen geschlossen vorgefunden. Gerade wollte sie den Ort verlassen, als Alioscha mit vier Frauen in einem hellblauen Lada vorfuhr. Er rauchend am Steuer, drei Frauen lachend auf der Rückbank. Die etwas ältere Frau auf dem Beifahrersitz winkte Natascha heran. So entstand eine Bekanntschaft, die ihr nicht nur eine Besichtigung der Gebäude ermöglichte, sondern auch interessante Gespräche mit vier temperamentvollen Frauen. Nach diesen erkundigt sich Natascha jetzt. Die vier Mädels, wie Alioscha seine Frau, die beiden Töchter und die Schwiegermutter nennt, mit denen er in Eriwan eine kleine Wohnung teilt, seien mit Studium, Arbeit und Verwandten beschäftigt, erzählt er. Derweil hüte er hier das Schriftstellerhaus und sorge dafür, dass die Renovationsarbeiten vorangehen. «Und, gehen sie voran?», fragt Natascha interessiert, denn sie möchte den Ort in ihr Reiseprogramm aufnehmen, sobald die Renovation abgeschlossen ist. Alioscha schüttelt den Kopf. «Leider nicht immer. Heute zum Beispiel läuft gar nichts. Und bald beginnt die Sommerpause. Aber seit du das letzte Mal hier warst, hat sich schon einiges getan.» – «Machen wir eine Runde?», schlägt sie vor und steht auf.

Als sie auf das Gästehaus zusteuern, sieht Natascha, wie Paul und Marcel von der Klosteranlage den Hang zu ihnen herabklettern. Die beiden rutschen mehrmals auf dem sandigen Boden aus. Sie hofft, dass Linda und ihre Schwester nicht auf die Idee kommen, den Jungs zu folgen, das fände sie zu gefährlich. Die Damen seien in der Kirche geblieben, um einer kleinen Messe beizuwohnen, beruhigt Paul sie, als er lächelnd vor ihr steht und den Sand von seiner Hose klopft. Marcel schaut sich um und sagt, er habe von diesem Ort schon Fotos in einer Architekturzeitschrift gesehen. Er wirkt aufgeregt und fragt, ob man die Gebäude besichtigen könne. Dies hätten sie vor, erklärt Natascha und stellt ihnen Alioscha vor, der die beiden einlädt, sich dem Rundgang anzuschliessen.

«Paschli?», fragt sie und schiebt die Übersetzung gleich nach: «Sind wir gegangen?» – «Paschli», antwortet Alioscha und geht voran. Der Rundgang beginnt im Gästehaus. Doch Marcel interessiert sich vor allem für das andere Gebäude, dasjenige aus den Sechzigerjahren, weshalb er die Besichtigung zu beschleunigen versucht. Natascha hingegen verweilt in den Gästezimmern und stellt sich vor, wie es sich zu Sowjetzeiten angefühlt haben mochte, als Schriftstellerin zu arbeiten. Und wie es heute wäre, hier zu schreiben. Alles, was sie bräuchte, ist da: ein Bett, ein Tisch, ein Stuhl. Dazu der Balkon mit Blick auf den See. Natascha öffnet die Balkontür und tritt hinaus. «Die Aussicht ist atemberaubend schön», findet auch Paul, der ihr folgt und zu den Bergen hinter dem gegenüberliegenden Seeufer schaut.

Alioscha und Marcel sind bereits weitergegangen, als Paul und Natascha noch immer nebeneinander auf dem Balkon stehen. Und stehen bleiben. Er, weil sie sich nicht von der Brüstung des Balkons löst, und sie, weil er nicht aufbricht. Beide schweigen. Ausgerechnet jetzt, da sie allein wären, schweigen sie beide, denkt Natascha und findet selbst keine Worte. Irgendwann hört sie auf, nach Worten zu suchen und geniesst das Schweigen mit Paul. Eine Minute erst oder zwei Stunden schon geniesst sie das Schweigen mit Paul. Plötzlich hört sie aus der Ferne ihren Namen. Leise hat Paul ihn gesagt und wiederholt ihn jetzt. Dann hört sie seine Frage. Ob er sie heute zum Abendessen einladen dürfe, hat er gefragt und angefügt, dass er mit ihr allein sein möchte.

Er möchte mit ihr allein sein. Damit hat sie nicht gerechnet. Natürlich hat sie damit gerechnet. Damit hat sie nicht gerechnet. Sie findet auch jetzt keine Worte und denkt an die Buchstaben, die auf Jans Bild um ihr Porträt wirbeln. Sie bräuchte nur eine Hand auszustrecken, nach den Buchstaben zu greifen, sie auf die Handfläche zu legen und zu ordnen, damit sie ein Wort ergäben. Zwei Buchstaben würden genügen. Oder zweimal zwei. Natascha wägt ab. Da fällt ihr die Marktfrau ein, mit der sie vorhin gern eine Auslegeordnung vorgenommen hätte. Welchen Rat sie Natascha wohl erteilen würde? Ja oder nein? Jan oder Paul? Sie stellt sich vor, wie sie der Marktfrau zwei Schilder in die Hände drückt, wie auf dem einen Schild Paul geschrieben steht, auf dem anderen Jan. Auf Kommando, fertig, los soll die Marktfrau eines der Schilder heben. Natascha lächelt beim Gedanken daran, befürchtet aber sogleich, dass Paul ihr Lächeln missverstehen könnte, und senkt den Blick, schaut auf ihre Fingernägel und bemerkt, dass der dunkelrote Lack an einigen Stellen bereits abgeblättert ist. Dabei übersieht sie die Marktfrau, die mit einem der Schilder winkt.

Natascha erinnert sich, dass ihr einmal jemand geraten hat, bei Entscheidungen in Liebesangelegenheiten an ein Kinopublikum zu denken und sich zu fragen, wie die Zuschauer entscheiden würden. Sie stellt sich deshalb vor, wie vor ihnen das Kinopublikum sitzt und erwartungsvoll zu den beiden Hauptpersonen namens Paul und Natascha hochschaut, die nebeneinander auf dem Balkon eines sowjetischen Gästehauses stehen und in die Ferne schauen. Sie stellt sich die vielen grossen Augen vor, die sie manchmal sieht, wenn sie im Kino ganz vorne sitzt und sich während des Films umdreht. Doch sie kann die Blicke der Zuschauer nicht deuten und erkennt nicht, wie diese entscheiden würden. Und obwohl in diesem Haus einst viel geschrieben wurde, vielleicht auch Drehbücher für Liebesfilme, fallen ihr noch immer keine Worte ein. Es ist, als hätten die sowjetischen Schriftsteller alle Buchstaben, die hier zu haben waren, verwertet. Und plötzlich sieht Natascha die Marktfrau wieder vor sich, die vermutlich keine Zeit hat für Kino und schon ungeduldig die Hände in die Hüften stemmt. Vielleicht deshalb spricht Natascha aus, was sie sonst nicht oder anders gesagt hätte: «Ich weiss nicht, Paul, ob das eine gute Idee ist.» Mit ihrer zögerlichen Antwort hätte sie bestimmt keinen Publikumspreis gewonnen.

Sie merkt, dass es die falschen Worte waren, möchte sie zurücknehmen, stattdessen etwas anderes sagen und weiss doch nicht, was. Trotzdem möchte sie noch lange hier neben Paul stehen und auf den See blicken. Sie bleibt noch lange hier neben Paul stehen und blickt auf den See. Dabei vergisst sie das anspruchsvolle Kinopublikum und die ungeduldige Marktfrau, hört auf, nach passenden Worten zu suchen, und sagt plötzlich: «Ich möchte noch lange hier neben dir stehen und auf den See blicken.» Sie spürt, wie Paul sie von der Seite anschaut. Überrascht vielleicht. Sie weiss es nicht, weil sie den Blick nicht vom See abwendet, sondern anfügt: «Es ist einfach wunderschön hier. Es ist, als würde alles stimmen. Nicht?» – «Doch, Natascha Dschan.» Nun schaut sie zu ihm, dessen Blick wieder auf den See gerichtet ist. Sie betrachtet sein Profil und sieht, wie sich sein Mund bewegt, als er wiederholt: «Doch, Natascha Dschan. Es ist, als würde alles stimmen.» Und vielleicht stimmt in diesem Moment wirklich alles, auch, dass er den Blick vom See abwendet und ihr in die Augen schaut, als sie fragt: «Natascha Dschan sagst du?» – «So nennen dich doch alle hier.» – «Das fällt mir gar nicht mehr auf.» – «Ein Fisch im Wasser merkt nicht, dass er schwimmt.»

Als sie am späten Nachmittag auf ihrem Bett liegt, geht ihr alles noch einmal durch den Kopf: Wie Paul «Natascha Dschan» sagte, die Metapher mit dem Fisch, wie sie seufzte, wie auch er seufzte, wie sie lachten, wie er «paschli» rief, sie an der Hand nahm und ins Gästezimmer zog, wie sie dort stehen blieben und er sie erwartungsvoll anschaute, wie sie ihm einen Kuss auf die Wange drückte und wegrannte, hinunter zum Speisesaal, wo Marcel und Alioscha auf sie warteten. Und noch einmal: Wie Paul «Natascha Dschan» sagte, die Metapher mit dem Fisch, wie sie seufzte, wie auch er seufzte, wie sie lachten, wie er «paschli» rief, sie an der Hand nahm und ins Gästezimmer zog, wie sie dort stehen blieben und er sie erwartungsvoll anschaute, wie sie ihm einen Kuss auf die Wange drückte und wegrannte, hinunter zum Speisesaal, wo Marcel und Alioscha auf sie warteten. Immer wieder geht ihr diese Szene durch den Kopf, wie ein Film in Dauerschleife. Dann verschläft sie alles: die Rückkehr der Reisegäste, das Abendessen mit oder ohne Paul, und auch Jan verschläft sie.

Als Natascha erwacht, ist es dunkel. Sie steht auf, tritt ans Fenster und schaut auf die Hotelanlage. Im Bungalow der Jungs brennt in einem der beiden Schlafzimmer Licht. Entweder Paul oder Marcel ist wach. Wahrscheinlich Paul. Ob er an sie denkt? Sie schaut über den See zur Halbinsel, von wo sie Musik hört. Ein Karaoke-Abend, vermutet sie, und schlüpft in ihre Ballerinas, legt einen Schal über ihre Schultern, verlässt den Bungalow und geht die paar Schritte hinunter zum See. Der Sternenhimmel ist hier, auf knapp zweitausend Metern über Meer, prächtig, und fast bereut Natascha, mit den Reisegästen keine Nachtaktivität eingeplant zu haben.

Sie hört Schritte hinter sich. Bevor sie sich umdrehen kann, sagt jemand auf Russisch: «Erschrick nicht. Ich bin's.» Sie erkennt die Stimme. «Alexei Dschan, du? Hast du Nachtdienst?» Die Frage ist eigentlich überflüssig. Alexei hat fast immer Nachtdienst. Und oft arbeitet er auch tagsüber. Zwischendurch döst er in der Loge neben dem Eingangstor. Wenn er Natascha am Seeufer sieht, gesellt er sich fast immer zu ihr. Sie kennen sich seit vielen Jahren. Irgendwann war Naira dazugestossen, die seinetwegen nach Sewan gezogen war. Seither hat sich Nataschas Verhältnis zu Alexei verändert. Sie weicht ihm nicht mehr aus.

Alexei zündet eine Zigarette an und zeigt auf die Sterne. «Dort ist Mischka, siehst du ihn, den Kleinen Bären?» Er zeichnet mit seiner Zigarette Linien in die Luft, wie wenn das Himmelszelt ein Blatt Papier wäre und seine Zigarette ein Kugelschreiber. Natascha sucht angestrengt nach dem Sternbild, erkennt es aber nicht. So viele Sterne sehe man in ihrer Stadt nie, sagt sie schliesslich, es gebe dort zu viele Lichtquellen. «Bald bist du wieder zurück in deiner Stadt. Was sind deine Pläne?», erkundigt sich Alexei. «Ach, das Übliche.» – «Wann beginnst du zu schreiben?» – «Zu schreiben?» – «Du wolltest doch schreiben.» – «Habe ich das mal gesagt?» – «Ja.» – «Worüber soll ich denn schreiben?» – «Über mich.» Alexei lacht laut auf. Dann fährt er fort: «Oder über Naira, über Artiom oder Arman, über Armenien oder über deine Gäste, über Linda zum Beispiel. Du bist doch so oft unterwegs, triffst viele Leute, stolperst bestimmt ständig über irgendwelche Geschichten. Nimm eine, schreib sie auf oder erfinde sie neu.»

Natascha kann sich nicht erinnern, je mit ihm über das Schreiben geredet zu haben. Alexei ist nicht die Person, mit der sie sich über Literatur unterhalten würde. Mit einem Buch hat sie ihn noch nie gesehen, eher mit einem Glas Brandy oder zwei. Er riecht auch jetzt nach Alkohol. Naira wäre wütend, wenn sie das wüsste. So wie damals, als Natascha bei ihnen zu Besuch war. Allerdings trank an jenem Abend auch Natascha zu viel, weil Alexei immer wieder nachschenkte, und, wer weiss, vielleicht hat sie damals erzählt, sie werde ein Buch schreiben. Solche Dinge sagt man manchmal. So wie Alexei jetzt sagt: «Die Geschichten liegen vor deinen Füssen wie die Sterne vor unseren Augen.» – «Alexei Dschan, du Philosoph, ich gehe jetzt wieder schlafen.»

Am nächsten Morgen findet sich Natascha als Erste der Gruppe im Frühstückssaal ein, Paul als Zweiter. Er stellt sich neben sie ans Buffet, legt zwei Brötchen auf einen Teller und entschuldigt sich für die Einladung zum Abendessen, mit der er sie, wie er vermutet, in eine unangenehme Situation gebracht habe. Sie winkt ab, als sei es nicht der Rede wert, doch er fährt fort: «Es ist nicht so, dass ich die Einladung widerrufen möchte, nur der Zeitpunkt war schlecht gewählt.» Er schaut zuerst sie, dann die verschiedenen Konfitüren an. «Hm», erwidert Natascha und füllt Getreideflocken in eine kleine Schüssel. Paul, der sich zwischenzeitlich für Kirschen entschieden hat und gerade ein Stück Butter auf seinen Teller streicht, fügt an: «Die Einladung hat übrigens erstaunliche Konditionen. Sie ist weder ortsgebunden noch hat sie ein Verfalldatum. Sie kann also auch in ein paar Wochen in der Schweiz eingelöst werden.» – «Auch in einem halben Jahr?» – «Auch in einem halben Jahr, wenn du so lange brauchst.» Natascha giesst Milch über die Getreideflocken und mischt etwas Joghurt dazu. «Ich möchte mich ebenfalls entschuldigen», sagt sie schliesslich. «Und zwar dafür, dass ich ausweichend geantwortet habe. Ich war überfordert und wusste nicht, wie reagieren. Gegen Abend wollte ich mich eigentlich noch bei dir melden. Doch nach der Rückkehr von der Halbinsel bin ich eingeschlafen.» – «Du wolltest dich gegen Abend noch bei mir melden? Was hättest du mir denn gesagt?» – «Das weiss ich nicht. Beim Grübeln darüber bin ich wohl eingeschlafen. Oder vor Überforderung ohnmächtig geworden.» – «Vermutlich Letzteres», meint Paul, der jetzt zwei Gläser mit Orangensaft füllt. «Wo möchtest du sitzen?» Dann stellt er die beiden Gläser auf den Tisch am Fenster, auf den Natascha gezeigt hat.

Marcel ist der Dritte, der den Frühstückssaal betritt. «Ziemlich verfänglich, wie ihr zu zweit frühstückt. Aber irgendwie passend zu den Fotos, die ich gestern von euch gemacht habe.» Er zeigt ihnen auf dem Display seines Telefons vier Aufnahmen, auf denen Natascha und Paul auf einem der Balkone des Gästehauses zu sehen sind. Auf dem ersten Foto blicken beide über den Fotografen hinweg in die Ferne, vermutlich zum See, auf dem zweiten schaut Paul Natascha von der Seite an, auf dem dritten Natascha Paul, auf dem vierten schauen sich Natascha und Paul in die Augen. Und wie Paul Natascha anschaut! Und wie Natascha Paul anschaut! Und wie sich Paul und Natascha in die Augen schauen!

Marcel lacht. «Man könnte meinen, da hänge was in der Luft. Soll ich mich an den Nebentisch setzen?» – «Nein, bleib hier!», befiehlt Natascha und ergänzt: «Ich will dir etwas anvertrauen.» Marcel reibt sich die Hände und ruft: «Ich liebe Geheimnisse!» Sie räuspert sich. «Das Privatleben meiner Reisegäste geht mich eigentlich nichts an», sagt sie, «aber ich mache mir natürlich trotzdem meine Gedanken. Auch über euch. In den ersten Tagen habe ich euch für ein Paar gehalten.» – «Ach», winkt Marcel ab, «wie langweilig! Das haben wir natürlich bemerkt und auch ein bisschen dazu beigetragen. Am Filmabend in Gjumri zum Beispiel, da habe ich mir ein Scherzchen erlaubt und Paul umarmt. Das hast du doch hoffentlich gesehen?» – «Allerdings. An jenem Abend habt ihr beide glücklich gewirkt.» – «Das waren wir auch», bestätigt Marcel und fügt an: «Eigentlich hätte gestern ich mit Paul auf dem Balkon stehen sollen, nicht du.» Ob er auch etwas dazu sagen dürfe, fragt nun Paul. «Nein!», rufen Marcel und Natascha gleichzeitig, woraufhin sie beide loskichern.

Zwischenzeitlich sind fast alle Reisegäste im Frühstückssaal eingetroffen. Nur die beiden Schwestern fehlen. Natascha sieht aber durch das Fenster, wie Linda den Bungalow verlässt und in ihre Richtung kommt. Natascha ist erleichtert, denn eigentlich hätte sie schon am Vorabend überprüfen sollen, dass ihre Reisegruppe vollständig zurück ist. Ihre

Schäfchen einen ganzen Tag lang in alle Himmelsrichtungen ausschwärmen zu lassen, ist immer mit Risiken verbunden. Sie denkt dabei vor allem an Strassenunfälle. Und an Magen-Darm-Erkrankungen, denn als Faustregel gilt, dass pro Gruppenreise mindestens ein Gast erkrankt. Beim Gedanken daran berührt Natascha unauffällig die Tischkante aus Holz. In diesem Moment tippt ihr Linda auf die Schulter und sagt, dass ihrer Schwester unwohl sei. Sie leide unter Übelkeit, habe Kopfschmerzen und vermutlich Fieber.

Also doch noch. Natascha steht sofort auf und begleitet Linda zu ihrem Bungalow, wo sie deren Schwester, Hilda, leicht verwirrt vorfindet. In Gedanken hat sich Natascha schon zurechtgelegt, was zu tun ist: einen Arzttermin vereinbaren und ein Taxi bestellen, ihren Koffer packen und auschecken, daraufhin Levon anrufen, den Leiter des örtlichen Tourismusbüros, der die Gruppe durch den Vormittag begleiten wird, schliesslich mit dem Schwesternpaar nach Eriwan zum Arzt fahren. Danach würde ihr weiteres Programm von der medizinischen Beurteilung abhängen. Für den Rest der Gruppe würde sich das Programm nicht verändern. Die Reisegäste würden sowieso Mitte Nachmittag ebenfalls in der Hauptstadt eintreffen.

Als Natascha den Arzttermin vereinbart und jemand vom Hotel ein Taxi bestellt hat, spielt sie im Kopf noch einmal alles durch. Als Nächstes will sie Paul einspannen. Ein Glück, denkt sie, als sie an die Tür des Bungalows der Jungs klopft, ein Glück, dass Levon fliessend Französisch spricht, sonst hätte sie vielleicht Naira gefragt, ob sie von Armenisch oder Russisch auf Englisch übersetzen könne, und Paul, ob er die Übersetzung von Englisch auf Deutsch übernehme, aber Nairas Englischkenntnisse sind bescheiden und wahrscheinlich muss sie ohnehin arbeiten. Paul öffnet.

«Kein Problem», sagt er immer wieder, als Natascha ihm das Programm in allen Einzelheiten aufzählt und erklärt, was wann wie zu tun sei, angefangen bei Pauls Rolle während der Führung durch die traditionelle Bäckerei. Die meisten Reisegäste verstünden Französisch, sagt Natascha, aber nicht alle. Frau Bachmann zum Beispiel nicht und vermutlich auch Herr Schmidt nicht. «Ich auch nicht», ruft Marcel, der im Inneren des Bungalows hin- und herschwirrt, um seine Sachen zu packen. «Eben», sagt Natascha zu Paul. «Am besten nimmst du gleich zu Beginn die Nichtfrankophonen zur Seite. Wenn es nur zwei, drei Personen sind, kannst du mit gedämpfter Stimme simultan dolmetschen, um Levons Redefluss nicht zu stören. Oder zeitlich versetzt, wie neulich mit dem Journalisten. Für das Mittagessen…» – «Das hast du mir alles schon gesagt, Natascha Dschan, mach dir bitte keine Sorgen. Nur eine Frage noch.» – «Ja?» – «Wem soll ich meine Honorarrechnung schicken, dir oder direkt der Reiseagentur?» Natascha ist so konzentriert auf den korrekten Ablauf der Dinge und in Gedanken schon wieder bei Hilda und Linda, dass sie die Frage zuerst gar nicht versteht. Marcel, der jetzt hinter Paul auftaucht, prustet laut los. «Kennst du Pauls Stundenansatz?» Natascha holt Luft, schaut Paul an und sieht dessen Grinsen. Erst dann lacht sie.

Auf dem Weg zu ihrem Bungalow, wo sie ihren Koffer packen will, fragt sie sich, wie hoch Pauls Stundenansatz wohl ist. Sechshundert? Siebenhundert? Über tausend? Sie weiss es nicht. Womöglich verdient Paul an einem Tag mehr als sie in einem Monat. Dabei standen sie mal an demselben Punkt, gingen an dieselbe Universität, lernten in derselben Bibliothek, assen in derselben Kantine. Sie bewegten sich an denselben Orten, wenngleich nicht in denselben Jahren. Das kann man natürlich von vielen Menschen sagen und auf die Spitze treiben, indem man die Schere schon in der Primarschule öffnet. Was wohl ihre ehemaligen Schulkameraden verdienen? Bestimmt auch mehr als Natascha, obwohl sie aus ihrer Klasse die Einzige war, die ans Gymnasium wechselte.

Das Einkommen ist nicht das Mass aller Dinge, relativiert sie, als sie ihre Kleider mit raschen Bewegungen faltet und in den Koffer legt. Vielmehr muss man das Glück anders bemessen. Nur, wie? Sie legt ihren Schal obenauf und schliesst den Koffer. Schneidet sie wirklich besser ab, wenn sie es anders bemisst? Auf welcher Skala würde sie gegen Paul und ihre Kameraden aus der Primarschule gewinnen? Und überhaupt, was heisst schon Glück? Bevor Natascha den Bungalow verlässt, wirft sie einen Blick in den Spiegel und ordnet ihre Haare. «Ist alles durcheinandergeraten», flüstert sie. «Wahrscheinlich hat mich Hilda angesteckt, deshalb sind meine Gedanken so wirr.»

Eine Stunde, bevor sich die Gruppe trifft, um gemeinsam zu einem Empfang beim Botschafter zu gehen, wartet Natascha in einem Café in Eriwan auf Paul. Nachdem der Arzt kurz vor Mittag Entwarnung gegeben hatte und die beiden Schwestern sich im Hotel ausruhen wollten, blieben ihr ein paar Stunden ohne Programm, die sie nutzte, um durch die Stadt zu schlendern und ein paar Einkäufe zu tätigen. Danach hatte sie sogar genügend Zeit, um sich frisch zu machen.

Paul ist verspätet und tut erschöpft, als er sich zu ihr an den Tisch setzt. «So eine Reisegruppe zu leiten ist ganz schön anstrengend», resümiert er lachend, bevor er in allen Einzelheiten erzählt. Wie Frau Schmidt die traditionelle Bäckerei nach wenigen Minuten naserümpfend verliess und draussen wartete. Wie Herr Bachmann beim Mittagessen plötzlich seine Brieftasche vermisste, woraufhin Artiom ins Hotel zurückfahren musste, um sie am Empfang abzuholen, wo sie vom Reinigungspersonal hinterlegt worden war. Wie Frau Luginbühl auf der Rückreise nach Eriwan dringend auf die Toilette musste und Artiom deswegen einen Umweg zu einer Tankstelle am Rand einer Kleinstadt machte, wodurch sich ihre Ankunft noch mehr verzögerte. Und wie Marcel ihn die ganze Zeit mit Detailfragen überhäufte, um anschliessend zu bemerken, dass er sich eigentlich einen kompetenteren Reiseleiter gewünscht hätte. Natascha hört Paul amüsiert zu. Dann fragt sie: «Und du findest, ich sei unterfordert?» – «Asche auf mein Haupt, ich nehme alles zurück. Und hier als Anerkennungspreis: selbst gemachte Lawasch!» Paul legt eine Tüte mit dünnen Fladenbroten auf den Tisch. «Fast meine Hände verbrannt hätte ich mir dabei. Die Bäckerinnen tragen keine Handschuhe, wenn sie das Kissen mit dem Teig an die heisse Ofenwand klatschen.» – «Ich weiss. Levon betont aber jedes Mal, dass es noch nie einen Unfall gegeben habe.» – «Das hat er uns auch gesagt. Apropos Unfall und Krankheit: Wie geht es eigentlich Hilda?» – «Besser. Sie hatte einen

Sonnenstich.» – «Natürlich. Sie trug gestern ihr Hütchen nicht.» – «Genau.»

Paul schaut auf die Uhr und stellt fest, dass ihnen nur noch eine halbe Stunde bleibe. «Nur noch eine halbe Stunde», wiederholt er, «danach sind wir nicht mehr allein.» Diese Offenheit überrascht Natascha. Paul rechtfertigt sich: «Ist doch wahr. Dauernd werden wir unterbrochen. Nie können wir länger als fünf Minuten miteinander reden.» – «Heute beim Frühstück waren es zehn.» – «Aber auch da waren wir nicht allein. Ab Minute drei war Marcel dabei.» Sie muss über den Reim lachen und wiederholt ihn mit tiefer Stimme: «Ab Minute drei war Marcel dabei.» Sie schaut Paul an, zögert einen Moment und sagt schliesslich, wieder mit tiefer Stimme: «So wird nie was aus uns zwei.» – «Meine Worte.» Beide lachen. Dann holt Paul Atem.

Was folgt, ist das, was Natascha sich unter einem Speed-Dating vorstellt. Paul reiht eine Vielzahl von Fragen hintereinander, wobei er auf keine ihrer Antworten eingeht, sondern einfach weiterfragt, als habe er eine ganze Liste an Fragen im Kopf, die er in möglichst kurzer Zeit abhaken will. Er zappt sich regelrecht durch ihr Leben. Seine erste Frage («Woher dein britischer Akzent?») findet sie okay und auch die Frage danach («Woher dein Interesse für den Osten?»), doch dann werden die Fragen immer absurder («Der letzte Film, bei dem du geweint hast?» und «Das letzte Buch, das dir jemand geschenkt hat?»), einfallsloser («Lieblingsfarbe?»), vielleicht auch einfach nur unbeholfener («Was wolltest du werden, als du klein warst?»).

Natascha macht trotzdem mit, antwortet wie ein Roboter und verlangt eine nächste Frage, wenn ihr zur aktuellen nichts einfällt. Sie stellt sich vor, wie Paul in Gedanken ein Ranking erstellt, wobei er fairerweise alle bisherigen Kandidatinnen mit denselben oder ähnlichen Fragen konfrontiert hat, damit die Rangliste auf möglichst sachlichen Kriterien basiert. Ob Natascha mit ihren Antworten, die sie nicht immer originell findet, noch im Rennen ist? Wer könnten die anderen Kandidatinnen überhaupt sein? Eine Anwältin seiner Kanzlei vielleicht, die Assistentin eines Kollegen oder eine Praktikantin? Welche Frauen sieht er schon, ausser diejenigen vom Büro? Eine Handelsrichterin? Die Leiterin der Rechtsabteilung einer Aktiengesellschaft? Oder eine Nachbarin?

Zu Beginn der Reise hörte Natascha, wie Marcel jemandem sagte, er kenne Paul vom Tennisspielen. Spielt Paul wirklich Tennis? Vermutlich vor zwanzig Jahren einmal. Wobei Marcel, fällt ihr jetzt ein, vor zwanzig Jahren erst vierzehn war. So lange kann das mit dem Tennisspielen also nicht zurückliegen. Vielleicht schätzt sie Paul falsch ein, und er spielt wirklich Tennis, jeden Donnerstagabend und zweimal pro Monat auch am Sonntagmorgen. Sie unterbricht seine Fragen: «Jetzt ich. Was machst du in deiner Freizeit?» – «Welche Freizeit?» Eben. Paul fragt zurück: «Und du, was machst du in deiner Freizeit?» – «Allerlei.»

Nun ist das Gespräch in eine Sackgasse geraten. Das sieht sie Paul an. Er zögert. Und sie wird sich ihres Wissensvorsprungs bewusst. Denn dass Paul keinen Ring trägt, mag zwar nichts heissen. Dass er sich ohne Partnerin einer Reisegruppe anschliesst, jedoch schon. Umgekehrt ist es schwieriger. Dass Natascha keinen Ring trägt, will ebenfalls nichts heissen. Dass sie allein eine Reise leitet, aber auch nicht. Denn darum geht es doch bei der ganzen Fragerei, um diese eine Frage, die er nicht zu formulieren wagt und um die herum er kreist in der Hoffnung, er könne aus ihren Antworten Rückschlüsse ziehen. Er schaut sie prüfend an und wiederholt: «Allerlei?» – «Genau.» – «Zum Beispiel?» – «Ist das ein Verhör?» Sie schaut sich um. «Könnte vielleicht jemand die Protokollführung übernehmen?» Ihr wäre allerdings lieber, jemand würde ihr ein Skript reichen, dem sie ihren Part entnehmen könnte. Sie weiss nicht, wie weiter.

Könnte Natascha noch einmal von vorne beginnen, so würde sie ihre eigene Frageliste abhaken. Denn auch sie möchte Paul besser kennenlernen. Doch jetzt wird die Zeit knapp. Bald müssen sie das Café verlassen und zum Botschafter gehen, danach trifft sie sich mit Tigran, morgen Vormittag ist Paul mit Herrn Luginbühl unterwegs, am Nachmittag besucht die Gruppe ein Museum. Bleibt nur noch der Abschiedsabend, an dem sie auch nicht allein sind. Übermorgen ist Natascha zurück zu Hause und die Reise nur noch Erinnerung. Auch Paul wird nur noch Erinnerung sein, wenn sie sich nicht gemeinsam dagegen wehren. Sie versteht plötzlich die Hektik, mit der Paul sie ausgefragt hat. Wenn sie etwas wissen will, ist jetzt der Moment. Ein paar Minuten bleiben noch.

Paul kommt ihr zuvor: «Seit ich geschieden bin, habe ich auch Lust auf allerlei.» Natascha ist überrascht. Und wiederholt in Gedanken: Seit ich geschieden bin, habe ich auch Lust auf allerlei. Sie holt Atem und zersetzt den Satz in seine Teile. Geschieden ist Paul also. Und seit der Scheidung ist etwas anders. Er hat Lust. Auch Lust, hat er gesagt und dadurch eine Verbindung zu Natascha hergestellt. Lust auf etwas, das sie vorhin erwähnt hat, ohne es genauer zu definieren. Er hat eines ihrer Worte, allerlei, aufgegriffen und damit signalisiert, dass sie Gemeinsamkeiten haben könnten. Das will Natascha genauer wissen: «Du sagst allerlei?» – «Genau.» – «Zum Beispiel?» – «Das wurde doch soeben im Protokoll vermerkt.» Sie lächelt. Jetzt gefällt ihr das Gespräch. Endlich kann sie die Blicke des Kinopublikums deuten.

In diesem Moment tritt der Kellner an ihren Tisch und fragt auf Englisch: «Kennen Sie vielleicht die Leute vor dem Café, die durch das Fenster schauen und winken?» – «Tatsächlich», flüstert Paul, der seinen Blick nur etwas nach links zu verschieben braucht, um die Gruppe zu sehen. Natascha dreht sich nach rechts ab und sieht draussen Rita und Marcel dicht am Fenster stehen, die Hände zu einem Trichter geformt, durch den sie zu ihnen schauen. Dahinter Frau Bachmann, die winkt. Daneben die Herren Luginbühl und Schmidt, beide in Anzug und Krawatte. Frau Schmidt in einem Abendkleid. Frau Luginbühl mit einem Geschenk in der Hand. Herr Bachmann, der auf die Uhr schaut. «Nein, die kennen wir nicht», sagen Paul und Natascha gleichzeitig auf Englisch und brechen in Gelächter aus.

Beim Hinausgehen weist Paul darauf hin, dass seine Einladung auch heute Abend gültig sei. Und fügt rasch hinzu: «Ich sage dir das nur zur Information. Gemäss Programm haben wir ja kein Abendessen vorgesehen. Könnte ja sein, dass...» – «Geht leider nicht», unterbricht ihn Natascha. «Ich besuche einen befreundeten Künstler.» Nach einer kurzen Pause ergänzt sie, dass sie mit dem Künstler einen Atelierbesuch für die nächste Gruppenreise besprechen wolle. Das stimmt zwar nicht, rückt aber ihre Verabredung, so hofft sie, in ein geschäftliches Licht.

Natascha erwähnt nicht, dass sie am Nachmittag versucht hat, das Treffen mit dem Künstler, Tigran, zu verschieben. Die vielen Kurznachrichten, die sie tagsüber mit Paul austauschte, anfangs nur, um sich gegenseitig über die Reisegruppe auf dem Laufenden zu halten und ihre Pläne zu koordinieren, später um ihrer selbst willen, hatten sie verzaubert. Dass Paul schlagfertig ist und einen Humor hat, der ihr gefällt, wusste sie bereits. Dass er darüber hinaus einen Sinn für Wortspiele hat, war ihr neu. Stundenlang flogen Sätze, manchmal auch nur einzelne Worte, zwischen ihnen hin und her, wurden verdreht und in immer neue Formationen gegossen.

Natascha war derart eingenommen von diesem Austausch, dass sie am Nachmittag Tigran anrief und ihn fragte, ob sie das Treffen auf morgen verschieben könnten. Leider war das nicht möglich. Sonst hätte sie den Abend mit Paul verbracht.

Achtzehn Stunden später sitzt Natascha wieder im Café. Sie hat denselben Platz gewählt wie gestern, vor sich nicht Paul, sondern ihr Computer. Auf dem Tisch liegen Unterlagen, in denen sie hin und wieder blättert. Sonst ist ihr Blick auf den Bildschirm gerichtet, wo sie an einem Dokument arbeitet, jedenfalls dann, wenn ihre Gedanken gerade nicht abschweifen.

Die Erleichterung, die sie gewöhnlich am Ende einer Gruppenreise verspürt, setzt nicht ein. Dabei hätte sie allen Grund dazu. Die Rückmeldungen sind positiv, Hilda geht es besser, und abgesehen vom Sonnenstich ist es zu keinen nennenswerten Zwischenfällen gekommen. Auf der Reise hat es zwar vereinzelte Tiefpunkte gegeben, ein paar Dinge würde sie nächstes Mal anders gestalten, doch insgesamt kann sie zufrieden sein.

Auf grosses Interesse ist das gestrige Treffen mit dem Botschafter gestossen. Für viele war es eine willkommene Gelegenheit, all die verschiedenen Eindrücke der Reise zu besprechen, erworbenes Wissen zu ergänzen, Zusammenhänge zu erkennen, Fragen aufzuwerfen und mögliche Antworten zu diskutieren. Natascha bedauert, dass der Botschafter bald in die Zentrale zurückgerufen wird. Sie weiss nicht, ob sein Amtsnachfolger an einem solchen Austausch interessiert sein wird. Es gibt in Armenien zahlreiche Reisegruppen aus der Schweiz, und natürlich kann sich ein Botschafter nicht mit allen treffen. Mit dem jetzigen Amtsinhaber hat Natascha dieses Privileg ausgehandelt, als sie ihn vor drei Jahren kennenlernte. Sie war wegen einer konsularischen Angelegenheit an die Botschaft gelangt und überrascht, dass sich der Botschafter persönlich darum kümmerte. Daraus ergab sich ein längeres Gespräch, in dessen Verlauf sie auch auf ihre Tätigkeit als Reiseleiterin zu sprechen kamen. So entstand die Idee eines Austausches zwischen ihm und ihren Reisegruppen, eine

Veranstaltung, die sie seither jedes Jahr durchgeführt haben. Als sich Natascha gestern vom Botschafter verabschiedete und ihm viel Glück für die neue Tätigkeit in der Schweiz wünschte, steckte er ihr ein Stelleninserat zu. «Das wäre doch etwas für Sie», sagte er.

Die Abteilung, deren Leitung der Botschafter im Spätherbst übernehmen wird, sucht «eine Juristin / einen Juristen». Die Besetzung der Stelle erfolge vor seinem Amtsantritt, präzisierte der Botschafter, aber er könne ein gutes Wort für sie einlegen, wenn sie interessiert sei. Sie bedankte sich für den Hinweis und versprach, es sich zu überlegen. Auf dem Weg zu Tigran ging sie in Gedanken das Inserat durch. Die erwünschten «Länder- und Sprachkenntnisse» hätte sie, keine Frage. Und wahrscheinlich könnte sie ihre juristischen Praktika als «erste Berufserfahrungen» bezeichnen. Mit etwas Geschick liessen sich vermutlich auch ihre gelegentlichen Tätigkeiten für Hilfsorganisationen zu «fundierten Kenntnissen im Bereich der Menschenrechte» aufbauschen. Für das Motivationsschreiben gäbe es Vorlagen, die sie verwenden könnte, falls ihr nichts einfallen würde. Sie stellte es sich vor. Die Löcher in ihrer Kasse wären gestopft. Sie hätte eine Altersvorsorge, bezahlte Ferien, eine grössere Wohnung und wäre immer schön angezogen. Sie würde in einem Bundesgebäude ein- und ausgehen, mittags in der Altstadt essen und wäre abends sowie an den Wochenenden frei.

Kurz darauf, als sie bei Tigran im Atelier war, inmitten von Staffeleien, fertigen und halbfertigen Bildern, Skizzen, Entwürfen, Pinseln, Farbpaletten, Büchern, Flaschen und Gläsern, als sie den Geruch von Ölfarbe in der Nase hatte, armenischen Brandy auf der Zunge und Balladen von Wladimir Wyssozki in den Ohren, als Mariam auftauchte, sie sich minutenlang in die Arme schlossen, dabei weinten, als später weitere Freunde dazustiessen, solche, die Natascha kannte und solche, die sie kennenlernte, da wusste sie, dass diese Momente in ihrem Leben nicht Neben-, sondern Hauptsache sind, dass ihr auch die Begegnungen im Bauerndorf und am Sewansee, in Dilidschan und in Gjumri am Herzen liegen, dass sie auf all die Gespräche unterwegs, auch auf diejenigen mit Linda, nicht verzichten will. Kurz, sie wusste, dass sie nicht in ein Büro gehört. Sie dachte an Alexei und daran, was er ihr mitten in der Nacht am Sewansee gesagt hatte. Sie dachte an die Geschichten vor ihren Füssen und an das Bild, das Jan von ihr gemalt hatte. Sie im Buchstabenmeer, ein «Punk forever».

Plötzlich steht Paul vor ihr. «Paul? Hattest du nicht vor, mit Herrn Luginbühl ins Historische Museum zu gehen?» – «Doch, aber es ist geschlossen.» – «Geschlossen? Es ist doch nur montags geschlossen. Heute ist Mittwoch.» – «Renovation.» – «Oh, Mist, das hätte ich wohl wissen müssen. Sorry!» – «Kein Problem. Herr Luginbühl hat stattdessen seine Frau zum Markt begleitet. Und ich habe gehofft, dich hier vorzufinden, um mich über die Septemberreise nach Odessa zu informieren. Hier ist doch der Informationsschalter für Odessa?»

Natascha schmunzelt. Paul will also nach Odessa mitkommen. Paul, Nataschas neue Linda. Im Ton einer Reiseberaterin dankt sie ihm für sein Interesse und bittet ihn, Platz zu nehmen. Er setzt sich und schaut sie erwartungsvoll an. Natascha eröffnet ihm, dass sie für ihn als treuen Kunden einen Geheimtipp habe: «Für nächstes Jahr plane ich eine längere Reise in die Ukraine. Ausgangspunkt ist zwar auch Odessa, aber nach zwei Tagen geht es weiter durch Bessarabien bis hinunter ans Donaudelta. Dabei werden wir Dörfer besichtigen, die früher von deutschen Siedlern bewohnt waren: Eigenheim, Gnadental, Gnadenfeld, Hoffnungsfeld, Paris, Leipzig und wie diese Orte alle einst hiessen. Ein Dorf in dieser

Gegend, Schabo, wurde sogar von Schweizer Weinbauern besiedelt. Das würde dich gewiss interessieren. Nicht?» – «Doch. Aber ich kann mich auch zweimal für die Ukraine anmelden. Oder etwa nicht? Wenn ich im September die Potemkinsche Treppe hinab- und wieder hinaufgehe, muss ich ja ohnehin nach Odessa zurückkehren.» Natascha lacht. Auch über Pauls Hartnäckigkeit lacht sie, denn dieser besteht darauf, mit ihr das Programm für die Reise vom September anzuschauen. Er lasse sich nicht auf nächstes Jahr vertrösten, erklärt er, erst recht nicht, wenn sie mit dem Abendessen ein halbes Jahr zuwarten wolle. Sie richtet den Blick zurück auf den Bildschirm und sagt, dass sie das Programm für September auf ihrem Computer habe und es gleich öffnen werde. Zuerst speichert sie sicherheitshalber das Dokument ab, an dem sie gearbeitet hat. Paul rückt unterdessen den Stuhl neben sie, um auf ihren Monitor schauen zu können.

Obwohl Natascha das Dokument mit dem Reiseprogramm rasch findet und sofort, nachdem es geöffnet ist, die Ansicht auf Bildschirmgrösse stellt, hat Paul das Hintergrundbild gesehen und möchte, dass sie es noch einmal zeigt. «Ach das…», sagt Natascha beiläufig und tippt mit dem linken Zeigefinger auf den Monitor. «Schau lieber hier auf das Foto. So sieht die Oper von Odessa aus, ein neobarockes Schmuckstück, das nach umfangreichen Renovationen vor elf Jahren wiedereröffnet wurde.» – «Entschuldige, aber kannst du das Programm kurz wegklicken? Ich möchte das Hintergrundbild sehen», insistiert Paul. «Es interessiert mich.»

Letzte Nacht, als Natascha vom Besuch in Tigrans Atelier zurückgekommen war, öffnete sie den Anhang, den Jan ihr geschickt hatte, und betrachtete das Bild lange. Sie schaute jedes Detail genau an und bemerkte dabei, dass nicht nur lateinische, sondern auch kyrillische Buchstaben um ihr Porträt wirbelten. Dass ein R mit einem Я Tango tanzte. Dass E ihre russische Cousine Э zur Rede stellte. Dass ein S und seine russische Freundin C ineinander verkeilt waren. Dass bunte x wie Sterne nach oben zwirbelten und kicherten. Auch im Buchstabenmeer machte Natascha Spielereien aus. Zwei Ds, die Rücken an Rücken schliefen, ein i, das sich mit einem и unterhielt, ein grosses L, auf dessen Fuss ein kleines a hockte, ein P, das den Kopfstand übte, ein B, das sich auf die Brüste legte, ein W, das auf einem Bein balancierte, ein M, das W nachäffte, daneben O und O, die sich kugelten vor Lachen und ein d, das faulenzte. Aufgefallen ist ihr auch ein J, das mit seinem Haken ein N zu sich zog. J wie Jan, N wie Natascha.

Sie stellte sich vor, wie Jan an sie gedacht hatte, stundenlang, tagelang, wochenlang vielleicht, als er an diesem Bild arbeitete. Sie dachte an all die Skizzen, die er entworfen und an all die Versuche, die er verworfen hatte. An die Nächte, in denen er nicht schlafen konnte und an die Tage, in denen er literweise Koffein brauchte. Sie dachte an die Euphorie, die er verspürte und an die Zweifel, die ihn überkamen. Von alledem sieht man dem Bild nichts an. Es ist von einer betörenden Leichtigkeit, auch sie, Natascha, wirkt leicht, wie sie mit nacktem Oberkörper aus dem Buchstabenmeer ragt und nur von Luft und Wortspielereien zu leben scheint. Und doch ist ihr Porträt von einer Leidenschaft geprägt, die in den zwei roten Punkten kumuliert, deren Intensität ein Spannungsfeld herstellt zu den scheinbar zufällig über das Blatt geschneiten Buchstaben. Ob es sich dabei um ihre eigene Leidenschaft handelt oder um diejenige des Künstlers, konnte Natascha nicht erkennen. Sie würde das Bild immer wieder anschauen müssen, auch am nächsten Tag im Café, zwischen zwei Tätigkeiten würde sie einen flüchtigen Blick darauf werfen, wenn sie gerade nicht daran dächte, so, wie man sich manchmal mit fremden Augen anschaut, wenn man unerwartet vor einem Spiegel steht oder sich in einem Schaufenster sieht. Dann würde ihr Blick nicht von Erwartungen gesteuert sein und sie wäre offen, Neues im Bild zu erkennen. Auf diese Weise würde sie herausfinden, woher die Leidenschaft kommt und wohin sie will.

Mit diesen Überlegungen richtete Natascha, im Nachhinein findet sie es ungeschickt, das Bild als Hintergrund auf dem Desktop ein. Dabei sah es gar nicht schön aus, mit all den Dokumenten und Ordnern, die kreuz und quer darüber verteilt waren und die Leichtigkeit und Leidenschaft zu zerstören schienen. Sie räumte zwar spätnachts den Desktop etwas auf, versorgte alle Dokumente in Ordnern und verschob die Ordner an den linken Rand des Monitors, aber eigentlich, das sieht sie jetzt ein, sollte man ein Kunstwerk nicht als Hintergrundbild verwenden. Schon gar nicht dieses, wenn man beruflich unterwegs ist.

Natascha klickt das Reiseprogramm für Odessa weg und steht auf, weil sie nicht neben Paul sitzen bleiben kann, wenn er das Bild anschaut, das Hintergrundbild, das jetzt für ihren Geschmack etwas zu stark in den Vordergrund gerückt ist. «Möchtest du auch ein Stück Kuchen?», fragt sie betont gelassen. «Oh, danke, sehr gern. Bringst du mir eins mit Schokolade?», antwortet er und lächelt ihr zu. «Ein Muffin?», fragt sie noch, aber Paul ist bereits in das Bild versunken und hört sie nicht mehr. Seine Augen gleiten über den Bildschirm, folgen den Linien ihres Porträts, hüpfen von Buchstabe zu Buchstabe, verweilen auf den zwei roten Punkten und waten schliesslich durch das Buchstabenmeer. Als Natascha mit einem Schokoladenmuffin und einem Stück Himbeerkuchen zurückkommt, schaut er sie aufmerksam an. «Von wem ist das Bild?» – «Jan Kaminsky.» – «Der Künstler von gestern Abend?» – «Nein, ein Freund aus der Schweiz. Gefällt es dir?» – «Das bist du?»

Das bist du? Eigentlich war es ein Feststellungssatz. Das bist du. Es war keine Frage. Paul hat den Satz nicht als Frage formuliert. «Das bist du» und nicht «Bist du das» hat er gesagt. Trotzdem hat er die Stimme am Ende des Satzes leicht angehoben, vermutlich, um die Aussage nicht als Behauptung klingen zu lassen. Das bist du? Es war eine Feststellung im Fragenpelz, ein Hybrid, auf das Natascha nichts zu antworten weiss, weshalb sie Paul nur stumm anschaut. Sein Blick ist ernst. Wie ein Vater, der seine Tochter zur Rede stellt, denkt sie. Der Vergleich ist absurd. Sie muss lachen und senkt den Blick. Mit der Gabel spiesst sie vorsichtig die Himbeere auf, mit welcher ihr Kuchenstück dekoriert ist. Dabei stellt sie sich vor, was er sich jetzt vorstellt. Dass sie ihm gestern gesagt hat, sie gehe am Abend einen befreundeten Künstler in seinem Atelier besuchen, macht die Vorstellung der Vorstellung nicht besser. Im Gegenteil. Paul stellt sich jetzt vor, stellt sie sich vor, dass es auch in armenischen Ateliers Aktbilder von ihr gibt. Was er davon hält, stellt sie sich lieber nicht vor. Sie ist gerade dabei, die Himbeere mit der Gabel zu ihrem Mund zu balancieren, als sie eine Frage hört, die sie aus der Fassung bringt: «Wer bist du?»

Wer bist du? Die Frage erinnert sie an ihre Zeit als juristische Praktikantin. Eine Vorgesetzte, der sie in einer schwachen Minute von ihren Zweifeln an einer Karriere als Juristin erzählte, dabei auf Verständnis hoffte, vielleicht sogar wohlwollende Ratschläge erwartete, fragte sie: «Was willst du im Leben?» So, direkt ins Gesicht, was willst du im Leben, als habe Natascha eine Antwort abrufbereit, als sei es das Normalste der Welt zu wissen, was man im Leben will. Zum Beispiel: Praktikantin sein, Gerichtsschreiberin werden, heiraten, dann Kinder haben und irgendwann ein Teilzeitpensum als Richterin. Oder: Anwaltspatent, Mitarbeiterin in einer Kanzlei, Partnerin. Vielleicht auch: Versicherungsjuristin, Babypause, Wiedereinstieg, Weiterbildung, Mitglied der Geschäftsleitung. Dabei wusste sie eben gerade nicht, was sie im Leben wollte und hatte sich deshalb ihrer Vorgesetzten anvertraut. Als Natascha auf die Frage nichts zu antworten wusste, sagte diese nur: «Du musst schon wissen, was du im Leben willst.» Peng! Und jetzt Paul mit seinem Wer-bist-du. Gleich wird er zu einem Du-musst-schon-wissen-wer-du-bist ansetzen. Wenn sie es nicht hören will, muss sie jetzt etwas unternehmen.

Sie schaut von der Tischplatte auf, deren Maserung sie schon eine Weile mit den Fingern nachgefahren ist, und sagt: «Ich bin Natascha, Reiseleiterin, gerade damit beschäftigt, Hildas Eingabe an ihre Krankenkasse vorzubereiten und einen Bericht für die Reiseagentur zu verfassen, bevor wir uns um drei im Matenadaran Museum treffen. Wir treffen uns doch um drei im Matenadaran Museum?» Um ein Haar hätte sie aus ihrer Tasche einen Stadtplan gezogen, ihm das Museum markiert und den Weg eingezeichnet. Genauso, wie sie es für Linda oder Herrn Schmidt getan hätte. Paul ist Teilnehmer ihrer Reisegruppe, der Kunde einer Reiseagentur und an diesen Platz will sie ihn zurückweisen, die Distanz zwischen sich und ihm wiederherstellen. Sie ist wütend. Sie ist aufgebracht. Sie bebt. Paul nimmt eine Papierserviette, wickelt sein Schokoladenmuffin ein, hebt das eingewickelte Schokoladenmuffin leicht an, murmelt ein Dankeschön, steht auf und entschuldigt sich. Er habe ihr nicht zu nahe treten wollen, sagt er. Dann verlässt er das Café.

Seit er das Café verlassen hat, sind mehr als zehn Minuten vergangen. Seit er das Café verlassen hat, schweigen die Strassenmusiker, die eben noch sangen. Seit er das Café verlassen hat, sind die Schmetterlinge gefangen und bangen, dabei klangen deren Flügelschläge so, als würden sie mein Leben verändern. Seit er das Café verlassen hat, hat er das Café verlassen, mich zurückgelassen, ich kann's nicht fassen.

Ich tippe laut, richtig laut in die Tasten haue ich und weiss jetzt, wie es sich anfühlt, in die Tasten zu hauen, ein Ausdruck, den ich nie verstanden habe, aber jetzt tu ich genau das, mich trauen in die Tasten zu hauen, dabei so richtig auftauen, meine Wut abbauen, auch wenn die Leute vom Nebentisch zu mir schauen und die Kellner an ihren Fingernägeln kauen, will ich Satzanfänge klauen, die Paul auf der Reise gesagt hat:

Seit dem Tod seiner Mutter
Seit er Partner in der Kanzlei ist
Seit er geschieden ist

All diese vermeintlichen Wendepunkte, ich reihe sie untereinander und füge neue hinzu:

Seit er in Armenien war
Seit er mich kennengelernt hat
Seit er das Bild von Jan Kaminsky gesehen hat

Und auch das wird noch kommen:

Seit seinem Burnout

Mit Gänsehaut tippe ich laut, damit Paul mir den Tag nicht versaut. Ich bin nicht seine Braut! Und schaut, mit vier Worten mache ich alle Satzanfänge, diese verheissungsvollen Klänge, fertig:

hat sich nichts verändert.

Seit er Partner in der Kanzlei ist, hat sich nichts verändert. Seit er geschieden ist, hat sich nichts verändert. Seit er mich kennengelernt hat nichts und auch nichts, seit er durch Armenien gereist ist.

Mist!

Seit er das Café verlassen hat, ist mein Leben dasselbe geblieben.

Als das Flugzeug für den Abflug beschleunigt, schaut Natascha aus dem Fenster. Die Kraft, die sie in den Sitz drückt, nimmt ihr fast den Atem. Ihr ist, als würde jemand auf ihren Brustkorb pressen. Und plötzlich verändern sich die Linien und Kanten der Gebäude entlang des Flugfeldes. Was soeben noch horizontal war, wird diagonal. Alles scheint aus den Fugen zu geraten, denkt sie und wendet den Blick vom Fenster ab, schaut geradeaus auf den Riegel, mit dem der Klapptisch an der Rückenlehne des vorderen Sitzes befestigt ist, und versucht, ruhig zu atmen. Als sie den Signalton hört, mit dem das Fasten-Seat-Belt-Zeichen erlischt, bleibt sie sitzen und beobachtet, wie Herr Bachmann aufsteht und zum Flugzeugheck geht. Auch Rita steht auf und wechselt ein paar Worte mit anderen Reisegästen, mit wem, sieht Natascha nicht. Ihre Schäfchen sitzen alle ein paar Reihen weiter vorne, nur Paul nicht, der drei Reihen hinter ihr sitzt. Natascha schaut wieder aus dem Fenster, hinunter auf die Wolken, und denkt an den Museumsbesuch gestern Nachmittag.

Während der geführten Besichtigung der Handschriftensammlung ging sie Paul zuerst aus dem Weg. Die Führung war auf Deutsch, sodass Natascha nicht zu dolmetschen brauchte, sondern unauffällig der Gruppe folgen konnte. Sie wechselte hin und wieder ein paar Worte mit Rita, redete sonst aber mit niemandem. Paul stand fast immer neben Marcel. Frau Luginbühl stand neben Herrn Luginbühl. Frau Schmidt wich nicht von der Seite ihres Mannes. Herr Bachmann legte zwischendurch liebevoll den Arm um seine Frau. Die Gruppe hatte zurück in ihre ursprüngliche Komposition gefunden, schoss es Natascha durch den Kopf. Alles wie zu Beginn der Reise. Als sei nichts passiert seither. Als sei die Gruppe oder auch nur sie selbst, Natascha, in eine Zeitfalte gerutscht, aus der sie gerade herauskletterte. Oder als habe sie die Reise nur geträumt, die jetzt erst begann.

Sie stellte sich vor, wie es wäre, an den Anfang zurückzuspulen und die Reise neu zu beginnen. Sie wären soeben in Armenien angekommen und hätten nun, als ersten Programmpunkt, eine Führung durch das Matenadaran Museum. Morgen würde der historische Vormittag stattfinden, in dessen Verlauf Paul eine Vielzahl von Fragen zur Aufnahme armenischer Flüchtlinge durch Frankreich stellen würde. Und Natascha würde ihn auf der Aussichtsterrasse bei der Gedenkstätte fragen, weshalb ihn die armenisch-französische Beziehung so stark interessiere. Er würde von seiner armenischen Grossmutter erzählen, und ihr erstes Gespräch würde nicht mit Juristerei, sondern mit seiner Familiengeschichte beginnen. Vielleicht, dachte Natascha, müsste man die Reihenfolge der Dinge nur leicht verändern, und alles würde anders kommen. Vielleicht wäre alles anders gekommen, wenn Paul sie nicht provoziert hätte. Vielleicht hätte er sie nicht provoziert, wenn sie ihm nicht mit Vorurteilen begegnet wäre. Vielleicht.

Im Anschluss an die Führung verblieben fünfzig Minuten, bevor Artiom die Gruppe abholen und zum Restaurant fahren würde. Die meisten Reisegäste wollten diese Zeit nutzen, um noch einmal durch die Ausstellungsräume zu wandeln. Natascha begab sich in die Eingangshalle, von wo aus sie Linda anrief. Die beiden Schwestern hatten sich für den Museumsbesuch abgemeldet, um sich vor dem Abendessen auszuruhen. Natascha schlug vor, ihnen die Fahrt ins Restaurant zu organisieren, doch zu ihrer Überraschung sagte Linda, dass sie bereits ein Taxi bestellt hätten.

Danach ging sie zurück in den Ausstellungsbereich. Sie durchquerte einen der grossen Säle und gelangte über einen Korridor in den kleinen Raum, in welchem ihr Lieblingsmanuskript ausgestellt ist. Dort stand Paul. Sie blieb im Türrahmen stehen und beobachtete ihn, wie er die aufgeschlagene Doppelseite ihres Lieblingsmanuskripts betrachtete. Er wirkte verzaubert, ähnlich wie beim Frühstück im Bauerndorf, als er vom Quark gekostet und darin Kindheitserinnerungen gefunden hatte.

Wie musste ihn diese Reise aufgewühlt haben! Natascha fuhr ein Schauer über den Rücken, als sie an seine Grossmutter dachte und an seine vielen Fragen, die von einer immensen Neugier für Armenien zeugten. Auch an seine Aufgeschlossenheit den anderen Reisegästen gegenüber dachte sie, an die Selbstverständlichkeit, mit der er sich in die Gruppe einfügte und an den Aktivitäten teilnahm, obwohl er sonst immer auf eigene Faust reiste. Sie dachte daran, wie er bereit gewesen war, die Rolle des Reiseleiters einzunehmen. An sein Interesse für sie dachte Natascha, an die Blicke, die immer öfter auf ihr geruht hatten, die Gespräche, die immer hektischer und die Fragen, die immer dringender geworden waren. Schliesslich dachte sie daran, wie er sich mit seiner Einladung zum Abendessen gleich zweimal exponiert hatte. All das glich sie mit dem Bild ab, das sie sich zu Beginn der Reise von ihm gemacht hatte, das Bild, dessen sie sich nie ganz zu entledigen wusste und das auch jetzt noch, am letzten Tag in Eriwan, in ihrem Kopf war und den Gefühlen im Bauch widersprach. Sie stand im Türrahmen, beobachtete Paul von der Seite und fragte sich, wer eigentlich er war und was er im Leben wollte. Ob er es wusste?

Leise trat sie neben ihn und betrachtete das Manuskript. Eine Minute, zwei Minuten, eine halbe Ewigkeit stand sie neben ihm und betrachtete das Manuskript. Irgendwann sagte sie: «Dieses Schriftstück gefällt mir auch am besten.» – «Es sieht aus wie ein Gemälde. Weisst du, Natascha Dschan, wenn wir dieses Museum zu Beginn der Reise besucht hätten, wäre ich gewiss auch beeindruckt gewesen von dieser Handschriftensammlung. Aber jetzt, mit all den Eindrücken der letzten Tage im Kopf, bin ich schlicht überwältigt. Auf dieser Reise ist etwas passiert mit mir.» – «Ich weiss, Paul Dschan. Mit mir auch.» Natascha blieb noch eine Weile neben Paul stehen und lauschte seinen Worten, die in ihrem Kopf nachhallten. Bevor sie sich abdrehte, um den Raum zu verlassen, legte sie kurz ihre Hand auf seinen Unterarm, so kurz, dass sie danach nicht mehr sicher war, ob sie ihn wirklich berührt hatte.

Wenig später sass die ganze Reisegruppe an einem langen Tisch im Innenhof eines Restaurants. Natascha sass mit Artiom und dessen Frau am einen Tischende und unterhielt sich mit ihnen auf Russisch. Aus den Augenwinkeln beobachtete sie die Reisegäste. Herr und Frau Luginbühl redeten leise miteinander und wechselten nur selten ein Wort mit Herrn und Frau Bachmann, die ihnen gegenübersassen. Rita stellte Frau Schmidt ein paar Fragen, auf welche diese nur knapp antwortete. Paul wirkte in Gedanken vertieft. Herr Schmidt studierte die englische Speisekarte, auch dann noch, als er die Bestellung bereits aufgegeben hatte. Nur Marcel, der sich am anderen Tischende mit den beiden Schwestern unterhielt, wirkte vergnügt. Zwischendurch schaute er zu Natascha, hob fragend die Augenbrauen und machte ein Zeichen in Richtung Paul. Sie zuckte mit den Schultern.

Nach dem Hauptgang stand Marcel auf, ging zu Paul, flüsterte ihm etwas ins Ohr, woraufhin dieser sich ebenfalls erhob und mit Marcel zu Natascha ging. Marcel legte den Arm um Paul und eröffnete, dass sie beide ein Geheimnis lüften möchten, hier, jetzt sofort, vor Natascha als Zeugin. Paul nickte und ergänzte, dass die Angelegenheit wirklich ernst sei. Sie musste lachen, wie die beiden Jungs vor ihr standen, und konnte nicht glauben, was sie im Folgenden hörte.

«Es ist nicht so, dass wir ein Paar sind, aber darüber haben wir uns ja bereits unterhalten», begann Paul. Dann schaute er Marcel an und fragte: «Willst du oder soll ich?» Marcel übernahm: «Ich habe Paul vor zehn Tagen am Flughafen zum ersten Mal in meinem Leben gesehen. Wir haben uns vor dieser Reise gar nicht gekannt. Wir haben uns nicht gemeinsam angemeldet, wie du glaubst, sondern unabhängig voneinander, ganz selbstständig, jeder für sich. Und beide haben wir Einzelzimmer angekreuzt. Doch aus irgendeinem Grund, wahrscheinlich ein Fehler der Reiseagentur, vielleicht auch Schicksal, sind wir wie Freunde, ja, wie ein Paar behandelt worden.» – «Als allein reisende Männer fühlen wir uns diskriminiert», ergänzte Paul und wollte wissen, wo man sich denn hier, bitte schön, beschweren könne.

Natascha schlug die Hände über dem Kopf zusammen. «Macht ihr Witze? Sagt mir bitte, dass das nicht wahr ist, bitte sagt es mir.» Doch die Blicke der beiden bestätigten das Gesagte: Es war genau so und nicht anders. «Aber das hättet ihr mir doch ganz am Anfang sagen müssen», rief Natascha, «und nicht erst jetzt, am letzten Abend!» Paul holte aus: «Wir haben den Irrtum in der ersten Unterkunft bemerkt, als ich mein Zimmer beziehen wollte und dort Marcel vorfand. Eine Rückfrage am Empfang des Gästehauses ergab, dass für uns ein Doppelzimmer gebucht worden war und dass kein anderes Zimmer zur Verfügung stand.» – «Hm», reagierte Natascha. «Kein anderes Zimmer im Gästehaus vielleicht, aber in Eriwan hätten wir doch problemlos ein Hotelzimmer in der Nähe gefunden.» – «In Eriwan schon», räumte Marcel ein, «aber für den Rest der Reise hätten wir ein Problem gehabt beziehungsweise hättest du ein Problem gehabt. Denn laut Programm waren die meisten Übernachtungen in kleinen Unterkünften gebucht oder bei Privatpersonen. Überall ein zusätzliches Zimmer zu suchen, hätte für dich einen Riesenaufwand bedeutet.» Paul ergänzte: «Ausserdem warst du zu diesem Zeitpunkt mit Frau Schmidt beschäftigt, vielleicht erinnerst du dich.» Und ob sich Natascha erinnerte! Frau Schmidt hatte gleich nach Ankunft im ersten Gästehaus eine

Nachreinigung des Zimmers verlangt. Die Inhaberin musste daraufhin eine Putzkraft aufbieten, was sich am späten Nachmittag als kompliziert erwies und viel Zeit in Anspruch nahm.

Sie seien, erzählten die Jungs weiter, vor dem ersten Abendessen ein Bier trinken gegangen und hätten beraten, was nun zu tun sei. Da sie sich recht gut verstanden hätten, seien sie übereingekommen, in die ihnen zugewiesene Rolle als Freunde zu schlüpfen. Und nach dem zweiten Bier sei ihm, Marcel, die Idee gekommen, als Paar aufzutreten. Davon sei Paul allerdings von Anfang an nicht begeistert gewesen. Trotzdem, verriet Marcel, hätten sie sich zwischendurch wie ein altes Ehepaar gestritten. Marcel, beklagte sich nun Paul, habe im Badezimmer immer mit der Zahnpasta gekleckert und seine Sachen im ganzen Zimmer ausgebreitet. Paul, so Marcel, habe manchmal bis spät in die Nacht gearbeitet und ihn beim Schlafen gestört. Das stimme gar nicht, entgegnete Paul. Im Gegenteil, er habe Marcel zuliebe darauf verzichtet, obwohl er zu tun gehabt hätte. Nur am Sewansee habe er in der Nacht gearbeitet, aber da hätten sie separate Zimmer gehabt. «Stimmt», bestätigte Natascha, «bei dir brannte mitten in der Nacht das Licht.» Paul schaute sie prüfend an. «War das etwa die Nacht, in der du angeblich so früh eingeschlafen bist? Oder war das nur ein Vorwand?» – «Ich bin früh eingeschlafen, das ist richtig, aber zwischen zwei und drei Uhr war ich am See und habe die Sterne betrachtet.» Sie verkniff sich die Ergänzung, dass sie das mit Alexei getan hatte. Denn wer weiss, was sich Paul dann wieder vorgestellt hätte.

Irgendwann gesellte sich Rita zu ihnen, weil sie wissen wollte, worüber so angeregt diskutiert und gelacht wurde. Die Jungs erzählten es ihr und danach auch den übrigen Reisegästen. Natascha fasste alles auf Russisch zusammen, woraufhin Artiom aufstand, den Kellner heranwinkte und eine Flasche Brandy bestellte. «Ihr kennt euch also nicht vom Tennisspielen?», fragte nun Herr Luginbühl, und Paul räumte ein, dass er seit seinem Studium nicht mehr Tennis gespielt habe. «Das Doppelbett in Gjumri!», fiel Natascha plötzlich ein. Ihr sei es damals schon unangenehm gewesen, sagte sie, weil sie in Gjumri erfahren habe, dass sie kein Paar seien. Aber dass sie sich vor der Reise nicht einmal gekannt hätten... «In Gjumri kannten wir uns schon in- und auswendig», beschwichtigte Marcel. «Da spielte das Doppelbett keine Rolle mehr.» Paul verdrehte die Augen und murmelte: «No comment.» Darüber mussten Natascha und Rita laut lachen. Vom anderen Tischende erklang ebenfalls Gelächter. Denn auch dort erzählten sich die Reisegäste Erlebnisse und Anekdoten, von dieser Reise und von früheren. Und bald wurde kreuz und quer über den Tisch angestossen, geredet und gelacht, bis der Kellner sagte, das Restaurant schliesse in einer halben Stunde, ob noch jemand einen Wunsch habe.

Natascha ging nicht mit, als alle, sogar die beiden Schwestern, beim Verlassen des Restaurants «noch ein Haus weiterziehen» wollten. Nur ein paar Meter bis zur nächsten Strassenkreuzung begleitete sie die Gruppe. Paul ging an ihrer Seite und sagte: «Ich habe übrigens deine Frage noch nicht beantwortet.» – «Welche Frage?» – «Ob mir das Bild von dir im Buchstabenmeer gefällt.» – «Und?» – «Wahrscheinlich bin ich in Ohnmacht gefallen und konnte deshalb nicht antworten. Denn ja, das Bild gefällt mir. Sehr. Es ist eine Wucht. Weisst du, ob es käuflich ist?» – «...»

Danach trennten sich ihre Wege.

Auch wenn Paul in derselben Stadt lebt wie sie, macht sie sich keine Illusionen darüber, dass ihre Geschichte in irgendeiner Art und Weise weitergeht. Natascha wird in ihre kleine Dachwohnung zurückkehren, er in seine Attikawohnung am anderen Ende der Stadt. Sie wird durch die Gegend radeln oder am Waldrand joggen, während sie das Eintreffen von Aufträgen abwartet. Er wird seine fünfzehn Stunden pro Tag arbeiten, sieben Tage die Woche, und kaum mehr an Alioscha, Artiom und Aschot denken. Vielleicht wird irgendwann ein Bild von Jan Kaminsky in seinem Wohnzimmer hängen, vielleicht dasjenige mit den vielen Buchstaben und den zwei roten Punkten. Doch bald wird er vergessen haben, wie die Porträtierte heisst und sich nur noch vage an den Moment auf dem Balkon eines der Gästezimmer des Schriftstellerhauses am Sewansee in Armenien erinnern. Vielleicht wird er sogar vergessen haben, dass damals jemand neben ihm stand, so nahe, dass zwischen ihnen für Worte kein Raum war.

Und dieser Balkon wird sich still in die Reihe von Orten einfügen, in denen sie beide irgendwann im Leben gestanden sind. Es wird sein wie mit der Universität, der Bibliothek und der Kantine. Sie werden auf demselben Balkon gestanden sein, dieselbe Aussicht genossen und vermutlich auch dasselbe gewollt haben. Doch die Reihenfolge der Dinge hatte nicht gepasst, Natascha die Worte nicht gefunden, er irgendwann die falschen gesagt. Vielleicht müssen sie beide noch eine Weile durch das Leben wirbeln, bevor sie sich wiederfinden und in einer anderen Komposition aufeinanderstossen. Ähnlich den Buchstaben, die aus dem Buchstabenmeer steigen und so lange durch die Luft wirbeln, bis sie gemeinsam ein Wort bilden, das passt.

Als Natascha am nächsten Morgen an ihrem kleinen Küchentisch sitzt, Kaffee trinkt und Knäckebrot isst, kommt es ihr wieder in den Sinn: Das Zurückkommen ist manchmal schwieriger als das Weggehen. Brauchte sie nach der Abreise ein paar wenige Stunden, um sich an ihre Rolle als Reiseleiterin zu gewöhnen, so wird es jetzt Tage, vielleicht sogar Wochen dauern, bis sie wieder in ihrer Dachwohnung gelandet ist, wo sie kein Programm hat und manchmal tagelang von niemandem verlangt wird. Es ist still. Nur das Summen einer Fliege ist zu hören, die beim Versuch, aus der Küche zu fliegen, immer wieder gegen das Fenster prallt.

Das Eintreffen einer Kurznachricht reisst Natascha aus ihren Gedanken. Es ist Artiom, der ihr Grüsse aus Eriwan schickt und wissen will, ob sie gut nach Hause gekommen sei. Er sitze jetzt wieder im Taxi und warte auf Kunden. Die Reisegruppe fehle ihm. «Übrigens», steht am Ende seiner Nachricht, «ich höre gerade Radio. Willst du mithören?

Frage an Radio Eriwan: Kann man auch die Liebe sozialistisch planen?
Antwort: Im Prinzip ja. Aber es wäre schade um die Liebe.»

Noch nie hat Natascha über einen Radio-Eriwan-Witz geweint. Jetzt tut sie es.

Am vierten Tag nach ihrer Rückkehr meldet sie sich bei Jan. Er wirkt überrascht, dass sie «schon zurück» ist. Sie treffen sich im Café neben der Post. Natascha legt einen Magneten, den sie vor dem Rückflug am Flughafen gekauft hat, auf den Tisch. Darauf ist irgendeine Kirche im Relief abgebildet, welche, könnte Natascha nicht sagen. Jan beachtet den Magneten kaum und will eigentlich nur wissen, woran Tigran momentan arbeite. Die beiden haben sich vor fünf Jahren in einer Künstlerresidenz in Krakau kennengelernt und planen seither ein gemeinsames Projekt, das allerdings noch in den Anfängen steckt, eigentlich erst in den Köpfen der beiden Künstler existiert. Als Natascha zum ersten Mal von Tigran hörte, schaute sie sich dessen Facebook-Profil an und sah, dass sie gemeinsame Freunde haben, unter anderem Mariam, von der Natascha jetzt erzählt.

Doch Jan wirkt desinteressiert. Auch von ihrer Entschuldigung, dass sie sich während der Reise nicht mehr bei ihm gemeldet habe, will er nichts wissen. Das sei nicht der Rede wert, winkt er ab, ihre Reaktion beim Betrachten des Bildes habe ihm genügt. Jan betont im Gespräch mehrmals, dass er sehr beschäftigt sei. Er arbeite intensiv an der neuen Serie, die er in einem Monat an einer Ausstellung präsentieren wolle. Die Bilder seien komplett anders geworden, als er geplant habe, und deshalb müsse er nun die ganze Ausstellung neu konzipieren. «Übrigens», sagt Jan, als er aufsteht, «ich brauche noch einen Titel für meine neue Serie. Ich werde demnächst ein paar Bilder auf meine Homepage stellen. Schau sie dir an und melde dich, wenn du eine Idee hast.»

Nach einer Dreiviertelstunde ist Jan wieder weg. Und Natascha zehn Minuten später zurück in ihrer Dachwohnung, wo sie nichts zu tun hat.

Aus einer Laune heraus schickt sie Paul eine Nachricht. Er antwortet innerhalb von fünf Minuten, und für einen kurzen Moment glaubt Natascha, alles sei wieder da und sie könnten einfach dort weitermachen, wo sie die Woche davor in Eriwan aufgehört haben. Doch der Austausch, das merkt sie bald, ist nicht mehr derselbe. Pauls Nachrichten enthalten Schreibfehler, die davon zeugen, dass er keine Zeit hat. Sie stellt sich vor, wie er zwischen zwei Terminen oder vielleicht sogar während einer Sitzung eilig ein paar Sätze in sein Telefon tippt und sich gleich anschliessend ganz anderen Dingen zuwendet. Trotzdem willigt sie ein, ihn zu einem Mittagessen in der Stadt zu treffen. Zu einem Mittagessen, betont sie, nicht zum Abendessen. Das Abendessen will sie sich für später aufsparen.

In der Nacht vor dem geplanten Mittagessen erhält sie von Paul eine Nachricht, deren Eintreffen sie weckt. «Muss morgen Vormittag dringend nach London. Sorry!» Und, ein paar Minuten später: «Kommst du mit?» Jetzt ist sie hellwach. Und spielt es in Gedanken durch. Sie könnte aufstehen, denselben Flug buchen wie Paul und sich morgen mit ihm am Flughafen treffen. In London könnte sie ihre Gastfamilie besuchen, bei der sie vor ihrem Studium als Au-pair gearbeitet hat. Oder sich mit einer Schulfreundin treffen, die seit ein paar Jahren in der Stadt lebt. Oder an eine Ausstellung gehen. In London würde ihr nicht langweilig, auch nicht, wenn Paul keine Zeit für sie hätte.

Die Vorfreude auf London ist nur ein Blitzgedanke, der nicht länger als den Bruchteil einer Sekunde dauert und gleich anschliessend anderen Gefühlen Platz macht, allen voran ihrer Empörung darüber, dass Paul so kurzfristig absagt. Und dem Ärger über sich selbst, dass sie sich überhaupt bei ihm gemeldet hat. Was hatte sie sich nur eingebildet? Paul ist zurück in seiner Welt. Jetzt ist er der Fisch im Wasser, und zwar nicht irgendein Zierfisch, sondern ein Hai, der alles auffrisst, auch sie auffressen würde, wenn sie mit ihm schwimmen wollte. Neben ihm ist kein Platz.

«Viel Glück», schreibt sie zurück und meint damit nicht nur seine Reise nach London, sondern auch die Tage und Wochen danach, ja, auch die Monate und Jahre, die diesen Tagen und Wochen folgen werden. Dabei fällt Natascha ihr kleiner Neffe ein, der ihr vor ein paar Jahren zum Geburtstag ein schönes Leben wünschte. Nicht einen schönen Tag wünschte er ihr oder eine schöne Zeit, sondern ein schönes Leben. Sie konnte die Geburtstagskarte lange nicht weglegen, las die Worte in verschnörkelter Kinderschrift wieder und wieder und weinte. Sie war damals für mehrere Monate in Moskau und ihr Neffe glaubte, sie würden sich nicht wiedersehen. So wie Natascha jetzt annimmt, sie werde Paul nicht wiedersehen. In Gedanken wünscht sie ihm ein schönes Leben.

Am nächsten Morgen erhält Natascha den juristischen Fachartikel, für dessen Übersetzung sie schon vor einer Weile angefragt worden ist. Es handelt sich um einen längeren Text, an dem sie mindestens zwei Wochen arbeiten wird. Die Frist ist zwar grosszügig bemessen, sodass sie sich Zeit lassen könnte damit, aber sie beschliesst, den Auftrag sofort zu erledigen und dabei regelmässige Arbeitszeiten einzuhalten. Morgens setzt sie sich um halb acht an den Schreibtisch, unterbricht ihre Tätigkeit über den Mittag und macht spätestens um halb sechs Feierabend. Diese Tagesstruktur gibt ihr nicht nur Halt, sondern auch Freiräume. Zweimal trifft sie eine Freundin zum Mittagessen. An einem Abend geht sie an die Eröffnungsfeier einer Anwaltskanzlei, zu der sie von zwei Studienkollegen eingeladen worden ist. Am Wochenende schläft sie aus, geht joggen und erledigt die Wäsche.

In dieser Zeit meldet sich Paul zweimal bei ihr. Er entschuldigt sich für die kurzfristige Absage und schlägt neue Termine vor. Doch die Nachrichten prallen an Natascha ab, als seien sie nie eingetroffen. Sie reagiert auf keine der beiden.

Auch mit Jan trifft sie sich nicht. Nur einmal ruft er sie an und lädt sie zur Vernissage ein. Sie notiert sich das Datum, die Uhrzeit und den Ort. Aber eigentlich hat er nicht deswegen angerufen. Vielmehr will er wissen, wie der Unbekannte auf dem Friedhof ausgesehen und wie er sich verhalten habe. Natascha ist erstaunt über diese Fragen und kann nicht viel dazu sagen. Mit zwei, drei Sätzen beschreibt sie ihm die Szene und erwähnt dabei die knallige Jacke, deretwegen ihr der Mann überhaupt aufgefallen war. «Knallig? Wie meinst du das?» – «Seine Jacke war pink.» – «Pink?» – «Pink.» Am Schluss des Gesprächs fragt Jan, wie es ihr gehe. Sie töne niedergeschlagen, fügt er an. Viel Arbeit habe sie, weicht Natascha aus und denkt an die vielen Abende, die sie allein vor dem Fernseher verbringt.

Nach etwas mehr als zwei Wochen ist die Übersetzung abgeschlossen. Natascha schickt sie zusammen mit ihrer Honorarrechnung an die Auftraggeberin. Anschliessend geht sie ihre Nachrichten durch. Beim Überfliegen des Newsletters einer Hilfsorganisation sieht sie, dass «ein/e Fundraiser/in» gesucht wird. Da fällt ihr die Stelle wieder ein, auf welche sie der Botschafter aufmerksam gemacht hatte. Das entsprechende Inserat findet sie im Internet, die Bewerbungsfrist ist noch nicht abgelaufen. Natascha beginnt, ihren Lebenslauf zu überarbeiten und ein Motivationsschreiben aufzusetzen. Sie findet kein passendes Foto, das sie in den Lebenslauf einfügen könnte, und auch das Motivationsschreiben braucht einen letzten Schliff. Sie klappt den Laptop zu und nimmt sich vor, nach einem Spaziergang weiter daran zu arbeiten.

Es gibt viele Orte, die Natascha mit einer kleinen Geschichte verbindet. Manchmal ist es nur ein Lied, das sie beim Vorbeigehen aus einem offenen Fenster hört und an das sie wieder denkt, wenn sie das nächste Mal daran vorbeigeht. Oder ein kurzes Gespräch, das sie mit einer Passantin an einer Bushaltestelle führt und an das sie sich erinnert, wenn sie wieder auf den Bus wartet.

Auch auf dem Friedhof gibt es einen solchen Ort. Ein Kindergrab, an dem sie vor einigen Jahren zufälligerweise vorbeikam. Stofftiere, Blumen, Fotos und Briefe lagen auf dem frisch zugeschütteten Grab. Die Beerdigung hatte am Tag zuvor stattgefunden, erfuhr sie von einem Mann, als sie den Schritt verlangsamte und die Fotos betrachtete. Es sei ein Autounfall gewesen, erzählte er ihr und stellte sich als Onkel des Kindes vor. Auf der anderen Seite des Grabes standen die Eltern, daneben sang leise eine Frau. Es war ein Klagelied in einer fremden Sprache. Natascha hätte sich am liebsten neben die Trauernden gestellt und mit ihnen um das Kind geweint. Sie denkt jedes Mal daran, wenn sie an diesem Grab vorbeikommt.

Heute aber begibt sie sich zum Grab von Olivia Céline Buchmüller. Jans Interesse für diese Geschichte hat auch Nataschas Neugier wiedererweckt. Als sie sich dem Grab nähert, ist ihr, als sähe sie den Mann mit der pinkfarbenen Jacke zwischen den Gräbern stehen und in den Himmel schauen. Sie fragt sich, ob er das regelmässig tut, dort stehen und in den Himmel schauen. Vielleicht wünschte er sich eine Reaktion auf den Zettel, den er unter einen Stein gelegt hatte. Vielleicht würde er Natascha zurückschreiben, wenn sie ihm eine Nachricht hinterliesse. Und vielleicht könnte sie auf diese Weise mehr über ihn und die Geschichte erfahren, die ihn mit Olivia Céline Buchmüller verbindet. Vielleicht besteht ein solcher Austausch bereits mit einer anderen Person, die zu einem früheren Zeitpunkt einen Zettel von ihm gefunden hatte. Und vielleicht hat sie, Natascha, diesen Austausch gestört. Vielleicht versteckt sich der Mann oder diese andere Person irgendwo und beobachtet sie. Natascha schaut sich um. Sie hört ein Rascheln im Gebüsch, sieht aber niemanden.

«Olivia». Laut spricht sie den Namen aus, um dessen Klang zu hören und sich vorstellen zu können, wie es sich anfühlt, so zu heissen. Noch einmal: «Olivia». Viele Fragen hat sie an die Unbekannte, vor deren Grab sie nun steht. Einige davon spricht sie aus: «Wer bist du, Olivia? Weshalb liegst du hier und nimmst nicht am Leben teil? Was ist schiefgelaufen, Olivia? Wer ist der Mann, der dich vor ein paar Wochen besucht hat? Hörst du mich überhaupt, Olivia?»

Natascha wird Olivia googeln und vermutlich doch nichts über sie finden. Auch den Mann wird sie nicht wiedersehen. Sie wird sich selbst eine Geschichte zurechtlegen müssen. Eine Jugendliebe vielleicht, mutmasst sie auf dem Heimweg.

Zu Hause klappt sie den Laptop wieder auf und öffnet Jans Homepage. «Tatsächlich», flüstert sie, als sie auf dem Bildschirm den Hinweis auf seine neue Serie sieht. Natascha hat es gehofft und erschrickt nun doch. Denn das Bild von ihr im Buchstabenmeer erscheint an erster Stelle. Sie hat es am letzten Tag in Armenien von ihrem Desktop entfernt und seither nicht mehr angeschaut. Nun ist es wieder vor ihr. Doch Natascha wirft nur einen flüchtigen Blick darauf und klickt gleich weiter. Sie interessiert sich für die anderen Bilder, diejenigen, welche sie noch nicht kennt. Es handelt sich um Collagen, in welche Jan sowohl die Wegbeschreibung als auch die Punksprüche eingearbeitet hat. Beide Seiten des Zettels hat er auf verschiedenfarbige Blätter kopiert und Schnipsel davon in die Bilder aufgenommen. Wer die ganze Serie anschaut, wird nicht nur «PUNK'S NOT DEAD» und «Punk forever» lesen können, sondern auch den Weg zu Olivias Grab finden. Den Gedanken daran findet Natascha beruhigend. Olivia wird nicht vergessen gehen.

Sie klickt noch eine Weile durch Jans Homepage, stösst dabei auf Angaben zur geplanten Ausstellung sowie zu deren Vernissage und sieht irgendwo, dass die Seite letztmals vor zehn Tagen aktualisiert worden ist. Sie stutzt. Denn als Jan sie vor Kurzem anrief, erwähnte er nicht, dass die Bilder bereits aufgeschaltet waren. Er bat Natascha auch nicht mehr, sich einen Titel für die neue Serie auszudenken. Sie geht zurück zur ersten Seite der aktuellen Serie, zum Bild von ihr im Buchstabenmeer. Erst jetzt bemerkt sie die Überschrift.

Dass Jan selber einen Titel für seine neue Serie gefunden hat, überrascht sie. Seit sie sich kennen, war immer sie es gewesen, die eine Idee hatte, und jedes Mal übernahm Jan sie. Dabei war es Natascha unangenehm, denn sie fand, ein Künstler wisse selber am besten, wie seine Serie zu benennen sei. Wenn der Titel von einer Drittperson stamme, so wirke er aufgestülpt, sagte sie ihm. Jan erwiderte jeweils, dass sie keine Drittperson sei, sondern sein wichtigstes Modell und als solches an der Entstehung der meisten seiner Werke massgeblich beteiligt. Einmal schob er nach, dass sie ein Team seien. «Ich male, du schreibst», stellte er klar. Und geschrieben hat sie in der Tat viel für ihn. Fast alle Texte auf seiner Homepage stammen aus ihrer Feder. Auch Anträge für Stipendien und Preise hat sie für Jan aufgesetzt, Bildbeschreibungen und Einladungen für Vernissagen sowieso.

Jetzt schreibt sie nicht mehr für ihn, sondern liest: «Hommage an eine Unbekannte». Laut hat sie den Titel gelesen und lauscht nun dessen Klang. Hommage an eine Unbekannte. Der Titel gefällt ihr. Er passt zu Olivia, findet sie und erinnert sich an die Frage, die sie soeben selber auf dem Friedhof formuliert hat: «Wer bist du, Olivia?» Dabei fällt ihr ein, dass Paul ihr dieselbe Frage auch gestellt hatte, kurz bevor er in Eriwan das Café verliess. Und plötzlich hat sie den Eindruck, die Unbekannte sei sie selbst, Natascha, der sich Paul anzunähern versuchte und von der sich Jan praktisch zeitgleich entfernte.

«Hommage an eine Unbekannte» steht nur über ihrem Bild, dem ersten der Serie, und wird über den anderen Bildern nicht wiederholt. Sie schaut sich diese anderen Bilder nun genauer an. In den Collagen fallen Natascha neben den Slogans weitere Elemente auf, die an Punk erinnern: ein aus einer Zeitschrift ausgeschnittener Irokesenschnitt etwa, der Ärmel einer Lederjacke und ein Nietengürtel. Die Collagen wirken wie eigenwillige Porträts, von denen jedes eine ganz eigene Komposition aufweist. Sie selbst ist auf diesen Bildern fast nicht zu sehen, und wenn, dann mit zahlreichen Schnipseln überklebt. Auf einem Bild erkennt Natascha ihre Narbe auf dem rechten Bein, das unter einem darüber geklebten Minirock aus Schottenmuster hervorschaut und weiter unten in einem übergrossen Stiefel verschwindet. Woanders glaubt sie ihre Schulter zu sehen. Vermutlich hat Jan alte Skizzen von ihr verwendet, über die er allerlei Fragmente klebte, Ausschnitte von Fotos, die er von ihr gemacht hatte, aber auch Körperteile anderer Frauen, aus Zeitschriften ausgeschnittene Augen etwa, Lippen, zwei verschiedene Brüste, Hände und Füsse, die sie, Natascha, zu verdrängen scheinen. Und obwohl sie es eigentlich weiss, schon seit Wochen spürt, wird ihr jetzt so richtig bewusst, dass Jan sich von ihr abgewandt hat. Deshalb hat er sie nicht mehr in sein Atelier bestellt.

Stattdessen ins Buchstabenmeer gestellt, reimt sie und malt sich aus, wie sie in den Buchstaben schwimmt, dabei ein paar As und Os aufwirbelt, wie durch die Wirbel neue Formationen entstehen, S sich von seiner russischen Freundin C trennt, I sich zwischen die streitenden Cousinen E und Э schiebt, R jetzt mit B Rock'n'Roll tanzt, deswegen mehrere x vor Begeisterung in die Luft spritzen, O und O die Augen verdrehen, d aufsteht und sich streckt, derweil M und W nicht mehr auseinanderzuhalten sind, und J mit seinem Haken N wegstösst, dabei Wellen verursacht, welche Natascha weiter ins Meer hinaustragen, von wo sie sich zu Jan umdreht und ihm winkt, bevor sie weiterschwimmt und zu neuen Ufern aufbricht. Hommage an eine Unbekannte – wie ein Abschiedsgruss an sie kommt ihr der Titel vor.

Fünf Tage und drei Wochen sind seit der Armenienreise vergangen, als ein Brief von Paul eintrifft. «Natascha Dschan, Armenien geht mir nicht aus dem Kopf. Du auch nicht.» So beginnt der Brief, den Paul in einer schwungvollen Schrift geschrieben hat. Seine Sprache kommt leicht daher, ist stellenweise poetisch und enthält viele Anspielungen, die in Natascha zahlreiche Erinnerungen wachrufen. Nichts scheint Paul vergessen zu haben. Und niemanden. Sogar Aschot erwähnt er, Aschot vom Bauerndorf. Es kommt Natascha vor, als hätte die Hand, mit welcher Paul seine Feder über mehrere Seiten führte, alle Kanten abgerundet. Sie denkt an die herausfordernden Fragen und die spitzen Bemerkungen, mit denen er sie auf der Reise mehrmals brüskiert hat, und findet keine davon in seinem Brief. Natascha liest die Zeilen ein zweites und ein drittes Mal.

Erst dann legt sie die vier Fotos, die dem Brief beiliegen, vor sich aus. Viermal sie mit Paul auf einem der Balkone des Schriftstellerhauses. Sie ordnet die Reihenfolge der Bilder. Ganz links das Foto, auf dem sie beide über den Fotografen hinweg in die Ferne, vermutlich zum See, blicken. Auf dem zweiten Foto schaut Paul Natascha von der Seite an, auf dem dritten Natascha Paul, auf dem vierten schauen sich Natascha und Paul in die Augen. Und wie Paul Natascha anschaut! Und wie Natascha Paul anschaut! Und wie sich Paul und Natascha in die Augen schauen!

Sie hört, wie sie zu ihm sagt: «Ich möchte noch lange hier neben dir stehen und auf den See blicken.» Und, nach einer kleinen Pause: «Es ist einfach wunderschön hier. Es ist, als würde alles stimmen. Nicht?» Darauf er zu ihr: «Doch, Natascha Dschan.» Und noch einmal: «Doch, Natascha Dschan. Es ist, als würde alles stimmen.» – «Natascha Dschan sagst du?» – «So nennen dich doch alle hier.» – «Das fällt mir gar nicht mehr auf.» – «Ein Fisch im Wasser merkt nicht, dass er schwimmt.»

Auch das Schweigen hört sie. Und die Verwirrung spürt sie.

Auf den Brief von Paul kann Natascha nicht reagieren. Sie wird es auch am nächsten Tag nicht können und am übernächsten nicht. Ihr fehlen die Worte. Nach drei Tagen wird sie Paul genau das schreiben: «Mir fehlen die Worte.»

Natascha nimmt das Notizbuch aus der Schublade und blättert sich durch die Armenienreise. Dabei fällt ihr auf, dass ihre Einträge deutlich länger ausgefallen sind als auf anderen Reisen. Ihre Notizen enthalten viele Details, zum Beispiel in Gjumri:

Das Hotelzimmer
Farbe der Tapete: Fleckiges Eierschalenweiss? Ermatteter Perlglanz? Verwässertes Beige? Ein stark verblichenes Altrosa mit Patina? Ein leicht pfirsichstichiges Hellgrau? Nein: verwaschene Terra di Gjumri, von vor dem Erdbeben!
Struktur der Tapete: Noppen! Voller Tapetennoppen ist die Noppentapete. Noppen wie ein Strickmuster, zwei rechts eine links. Kitzelt, wenn ich mit dem Finger horizontal darüberfahre, weniger, wenn von oben nach unten, am wenigsten, wenn vertikal der linken Masche folgend.

Beim Lesen dieser Notizen spürt Natascha die leicht klebrige Tapete unter ihren Fingerkuppen. Auch der Geruch des Hotelzimmers steigt ihr in die Nase, diese Mischung aus Spannteppich, altem Holz und ungelüftetem Schlafzimmer, dazu Zigarettenrauch, der an den Vorhängen haftet. Und während sie die abgestandene Luft einatmet, klappt sie den Laptop auf, öffnet ein neues Dokument und beginnt, ihre Notizen zu übertragen. Dabei beendet sie unfertige Sätze, formuliert aus, formuliert um, ergänzt Notizen mit neuen Gedanken und fügt Stichworte hinzu, die ihr spontan einfallen und die sie später in Sätze einbetten wird. Nach einer Stunde umfasst das Dokument zweieinhalb Seiten. Beim Abspeichern zögert sie einen Moment, da sie der Datei einen Namen geben muss. Ihr fällt keiner ein. Es sind Aufzeichnungen einer Reiseleiterin, doch dieser Dateiname ist bereits vergeben für die bestehende Textsammlung von früheren Reisen. Sie hat sich bewusst dagegen entschieden, die neuen Notizen in diese Textsammlung zu integrieren, weil sie ahnt, dass etwas Neues entstehen könnte. Was, weiss sie noch nicht. Daher, beschliesst sie jetzt, spielt auch der Dateiname vorläufig keine Rolle. Sie tippt den naheliegendsten Arbeitstitel ein: «Armenienreise 2018».

Als Natascha das nächste Mal Jans Homepage abruft, fallen ihr die Veränderungen nicht sofort auf. Ihr Bild erscheint immer noch an erster Stelle, darüber unverändert der Titel der Serie: «Hommage an eine Unbekannte». Sie klickt durch die ganze Serie und stellt fest, dass Jan keine neuen Bilder hochgeladen hat, obwohl die Homepage, auch das schaut sie nach, am Vortag aktualisiert worden ist.

Doch, und das merkt sie erst, als sie die Serie zum dritten Mal durchgeht, die Reihenfolge der Bilder ist eine andere. Natascha versucht herauszufinden, weshalb Jan die Bilder neu angeordnet hat. Zunächst sucht sie den Grund in der Wegbeschreibung, die er in die Collagen eingearbeitet hat, dann in den Punkslogans. Doch die Schnipsel ergeben auch ohne besondere Anordnung ein grosses Ganzes. Vielleicht, rätselt Natascha, entspricht die neue Reihenfolge der Entstehung der Serie. Sie sucht nach einer Nummerierung, wie Jan sie für andere Serien auch schon, kaum sichtbar, am Bildrand vermerkt hat. Hierfür zoomt sie Bildausschnitte heran. Dabei fällt ihr das Pink auf, das wie ein feiner Schimmer über einer der Collagen liegt. Es ist fast nicht zu erkennen und doch ist sie sich jetzt sicher. Beim Heranzoomen an einer anderen Stelle entdeckt sie kleine, pinkfarbene Spritzer, welche der Collage eben diesen Schimmer verleihen. Natascha erinnert sich an die Zeichenstunden in der Primarschule, in denen sie mit Farbe, Sieb und einer alten Zahnbürste hantierte. So hat sie Jan nie arbeiten gesehen. Ihres Wissens hat er in älteren Serien nie mit dieser oder einer anderen Spritztechnik experimentiert.

Sie schaut auch die anderen Bilder noch einmal an und vergrössert Ausschnitte davon. Tatsächlich haben sie alle diesen pinkfarbenen Schimmer, der wie eine Antönung wirkt, so sanft, dass er fast nicht wahrnehmbar ist. Auch über dem Bild von ihr im Buchstabenmeer schwebt dieser Hauch, der ihr jetzt wie ein Duft vorkommt. Eine Frühlingsnote, die Jan ihr mit auf den Weg gegeben hat.

Natascha schliesst den Browser und öffnet das Dokument mit dem Arbeitstitel «Armenienreise 2018», das in den letzten Tagen auf sieben Seiten angewachsen ist. Der Text hat sich punktuell von der realen Reise entfernt. Der Abend in der Sternwarte beispielsweise ist nur beiläufig erwähnt, da ihre diesbezüglichen Notizen nichts taugen. Auch das Mittagessen beim Ausflug zu den beiden Klöstern Sanahin und Haghpat hat sie weggelassen, weil es ihr nicht erzählenswert scheint. Stattdessen hat sie den Ausflug auf die Halbinsel stärker ausgebaut, sich nicht auf eine Beschreibung der Ereignisse beschränkt, sondern darüber hinaus ein Gespräch mit einer Marktfrau erwähnt, das sie auf einer früheren Reise geführt hatte. Vor zwei Jahren war das gewesen, Natascha hat den entsprechenden Vermerk in ihren alten Notizen gefunden: *Gespräch mit Marktfrau über Arbeitssituation.* An Einzelheiten konnte sich Natascha nicht mehr erinnern, weshalb sie beim Ausformulieren der Szene improvisiert hat.

Nachdem sie damit begonnen hat, beim Schreiben die Realität zu verfremden, spielt sie jetzt sogar mit dem Gedanken, eine Figur komplett zu erfinden, einen Reisegast etwa, der nach einem freien Tag nicht ins Hotel zurückkehrt. Daraus könnte ein Krimi entstehen: «Tod am Sewansee». Oder sie könnte einen Liebesroman über eine Reiseleiterin schreiben, die sich Hals über Kopf in einen Georgier verliebt, der ihr bei einem Abendessen von einem Reisegast vorgestellt wird. Daraus würde «Verliebt im Kaukasus» entstehen. Oder ein Familiendrama, in welchem ein Tourist auf den Spuren seiner armenischen Vorfahren entdeckt, dass sein Grossvater gar nicht sein leiblicher Grossvater sein kann, weil er nicht, wie von der Grossmutter zeitlebens behauptet, mit ihr geflohen und jung einem Herzversagen erlegen ist, sondern in Ostanatolien zurückgeblieben war. Daraus entstünde «Mein nicht mehr armenischer Grossvater». Oder ein Thriller, in dem es um veruntreute Spendengelder geht: «Im Schatten einer Hilfsaktion».

Natascha verwirft jede dieser Ideen sogleich wieder, doch mit jeder Idee, die sie verwirft, poppen neue auf. Und je länger sie Ideen prüft und verwirft, desto klarer wird ihr, dass sie eine Geschichte erfinden will, dass sie dabei einen Teil ihrer Notizen verwerten, jedoch das Beobachtete und Erlebte mit Fingiertem mischen will. Dass sie ihre eigene Geschichte anhand einer erfundenen Geschichte erzählen will. Und dass die Armenienreise nur ein Teil dieser Geschichte sein wird. Der Name des Dokuments passt deshalb nicht mehr. Es handelt sich weder um «Aufzeichnungen einer Reiseleiterin» noch um die «Armenienreise 2018». Im Titel möchte Natascha einen Bezug zu Jan herstellen, denn schliesslich war er es, der sie zum Schreiben ermutigte. Er, der sie inmitten von Buchstaben malte. Sie ändert den Namen des Dokuments auf «Buchstaben», wohl wissend, dass es sich auch hierbei nur um einen provisorischen Titel handelt.

Gerade will sie den Laptop zuklappen, da fällt ihr ein Dokument rechts oben auf dem Bildschirm auf, das einzige, das direkt auf dem Desktop und nicht in einem der Ordner am linken Rand abgelegt ist. «Seit er das Café verlassen hat.doc» heisst es und enthält ihren Gefühlsausbruch in Eriwan. Ein Text, den sie eigentlich nicht hatte abspeichern wollen. Vermutlich ein Automatismus, als sie den Computer für den Rückflug ausschaltete. Sie liest amüsiert:

... mich trauen in die Tasten zu hauen, dabei so richtig auftauen, meine Wut abbauen...

Dass sie reimt, wenn sie in Rage ist, war ihr nicht bewusst. Sie liest den Text ein zweites Mal, nun etwas ernster. Beim dritten

Durchlesen hört sie sich tippen und spürt den Schmerz, der mitschwingt, das AU, das ihr jetzt förmlich in die Augen springt. Sie schliesst das Dokument und verschiebt es in den Papierkorb. Von dort verschiebt sie es zurück auf den Desktop. Weil der Text so authentisch ist. Ungefiltert. Und sich vielleicht in ihr Schreibprojekt «Buchstaben» integrieren lässt.

Natascha ist noch im Pyjama, als sie sich mit einer Tasse Kaffee an den Computer setzt und die Nachricht der Agentur öffnet. Die von ihr für nächstes Jahr vorgeschlagene Reise durch den ukrainischen Teil Bessarabiens werde voraussichtlich ins Angebot aufgenommen, liest sie und kann es fast nicht glauben. Es ist die erste Reise, die sie vollumfänglich selber entworfen hat. Ansonsten ändert sie, wenn überhaupt, bestehende Reisen ab, passt sie ihren eigenen Vorlieben an und haucht ihnen dadurch eine persönliche Note ein. Den Projektbeschrieb für Bessarabien hat sie vor mehr als zwei Monaten eingereicht und keine positive Antwort mehr erwartet. Natascha weiss, dass es momentan nicht einfach ist, die Ukraine als Feriendestination zu verkaufen. Und trotzdem seien, auch das steht in der Nachricht, für die Septemberreise nach Odessa überraschend viele Anmeldungen eingetroffen. Dies habe die Agentur dazu veranlasst, weitere Reisen in die Ukraine zu prüfen. Die Rekognoszierung werde, wenn Natascha damit einverstanden sei, Anfang Oktober durchgeführt. Danach werde das Detailprogramm festgelegt.

«Natürlich bin ich damit einverstanden», sagt Natascha leise zu sich selbst, bevor sie weiterliest: Die Reise nach St. Petersburg nächsten Frühling finde unter ihrer Leitung statt. Dabei handelt es sich um eine ihr bestens bekannte Städtereise, die von der Agentur seit vielen Jahren mit praktisch unverändertem Programm angeboten wird. Das nächste Mal Anfang September, wobei der gebuchte Reiseleiter wegen einer Verletzung nicht einsatzfähig sei. Die Agentur suche derzeit einen Ersatz und wäre froh, wenn Natascha einspringen könnte. Diese nippt an der Kaffeetasse. Am Schluss der Nachricht steht, dass mehrere Rückmeldungen zur Armenienreise eingetroffen seien, die sie im angehängten Dokument lesen könne. Eine besonders positive Rückmeldung sei bereits auf der Homepage der Agentur aufgeschaltet worden.

Natascha geht mit der leeren Tasse in die Küche und schenkt Kaffee nach. Wenn sie sich selber sehen könnte, wie sie mit der leeren Tasse in die Küche geht und Kaffee nachschenkt. Wie sie dabei lächelt! St. Petersburg und Odessa im September, Bessarabien im Oktober. Diese drei Reisen bieten ihr eine finanzielle Sicherheit nach dem Sommerloch, in das sie als Übersetzerin im Juli und August jeweils fällt, gewiss auch dieses Jahr fallen wird. Sie atmet auf. Und erschrickt gleichzeitig, weil ihr in den Sinn kommt, dass Paul sich für die Reise nach Odessa anmelden wollte. Ob er es getan hat? Sie könnte bei der Agentur nachfragen, wenn sie wollte, aber eigentlich will sie es lieber nicht wissen. Sie wird es früh genug erfahren.

Sie stellt die volle Kaffeetasse zurück auf den Arbeitstisch, setzt sich wieder an den Computer und öffnet den Anhang der Nachricht. Das Dokument enthält vier Rückmeldungen: je eine von den Ehepaaren Luginbühl und Bachmann, eine von Rita und eine von Paul. Natürlich von Paul. Natascha liest alle aufmerksam durch. Die Feedbacks sind fast ausschliesslich positiv, wobei der Aufenthalt im Bauerndorf als besonders schönes und intensives Erlebnis hervorgehoben wurde, für Rita waren die zwei Tage sogar «der eigentliche Höhepunkt der Reise». Pauls Rückmeldung ist insgesamt die positivste und die am besten formulierte. Seine Sprache wirkt gepflegt und die Worte sind sorgfältig gewählt.

Natascha öffnet die Homepage der Reiseagentur, klickt auf Referenzen und sieht, dass es sich bei der aufgeschalteten Rückmeldung um diejenige von Paul handelt. Natürlich von Paul. Sie liest seine Zeilen noch einmal durch. Erst jetzt fällt ihr auf, dass er kein einziges Wort über die Fehlbuchung im Doppelzimmer verloren hat. Und auch kein Wort darüber, dass er als Reiseleiter einspringen musste. Vielmehr legt er gleich zu Beginn offen, dass er zum ersten Mal überhaupt an einer Gruppenreise teilgenommen habe und positiv überrascht sei vom Niveau des Programms und von der Kompetenz der Reiseleitung – «der Reiseleitung» hat er geschrieben, nicht «der Reiseleiterin», vermutlich, um keine Zweideutigkeit durchschimmern zu lassen. Unter Pauls Rückmeldung steht sein voller Name sowie der Name seiner Kanzlei. Wie ein Gütesiegel kommt es ihr vor. Gönnerhaft kommt Paul ihr vor. Dass er Natascha als kompetent bezeichnet, wirkt auf sie, als habe er ihr ein Arbeitszeugnis ausgestellt. Als sei er ein wohlwollender Vorgesetzter oder ein gutmütiger Coach, der sich für sie einsetzt, damit sie doch noch den richtigen Weg findet oder, sei's drum, auf dem weniger richtigen Weg bleibt, dort aber wenigstens herausragt.

Und plötzlich weiss sie wieder, woran sie sich gestört hat, sich auch jetzt wieder stört. Und sie weiss wieder, was sie an ihm fasziniert hat, auch jetzt noch fasziniert. Es ist diese Gelassenheit, mit der Paul durch die Welt geht, diese Überlegenheit, die er ausstrahlt, seine Selbstsicherheit auch und die Grosszügigkeit, mit der er über Kleinigkeiten hinwegsieht.

Rasch klappt sie den Computer zu und zieht ihre Joggingkleidung an. Innert weniger Minuten verlässt Natascha ihre Wohnung und rennt langsam zum Waldrand hinauf. Dabei denkt sie immer wieder an Paul. In Gedanken hört sie ihn: «Wie lange machst du das noch?» – «Was?» – «Das mit der Reiseleitung.» – «Bis mindestens nächsten Frühling», könnte sie jetzt gelassen antworten. Aber eigentlich weiss sie, dass sie auch jetzt nicht gelassen antworten könnte. Denn sie ärgert sich noch immer über diese Frage. Und darüber, dass sie sich noch immer über diese Frage ärgert, anstatt sie längst vergessen zu haben. Am Waldrand beschleunigt sie das Renntempo. Auch ihre Gedanken drehen nun schneller im Kreis. Sie rennt und rennt, bis auf einmal alle Gedanken an Paul verflogen sind, als wären sie durch die Fliehkraft aus dem Kreis gespickt worden. Nataschas Kopf ist nun leer. Sie spürt nur noch ihren Körper, hört ihren Atem und fühlt sich leicht. So leicht, dass ihre Füsse kaum mehr den Boden berühren, sondern über dem Weg zu schweben scheinen.

Am Tag der Vernissage ist Natascha unruhig, als würde etwas in ihr brodeln. Einer der ersten Hitzetage, denkt sie, vielleicht ist das der Grund. Sie streift ein Sommerkleid über und wählt dazu passende Ohrringe. Dann tritt sie vor den Spiegel, mustert sich, geht zurück zum Kleiderschrank, entscheidet sich für einen Rock und eine ärmellose Bluse, wechselt auch die Ohrringe, mustert sich erneut im Spiegel, geht noch einmal zurück zum Kleiderschrank und weiss noch immer nicht, was sie anziehen soll. Vielleicht ist das der Grund für ihre Unruhe.

Bald reist sie wieder nach Armenien, und obwohl sie im Bauerndorf auch beruflich zu tun hat und in Gjumri eine neue Unterkunft für die nächste Gruppenreise suchen will, wird die Agentur nur einen kleinen Teil der Kosten übernehmen. Damit hatte Natascha eigentlich gerechnet und würde keinen Gedanken mehr daran verschwenden, hätte sie wegen der Reise nicht einen Übersetzungsauftrag ablehnen müssen, auf den sie schon lange gehofft hatte. Vielleicht ist das der Grund für ihre Unruhe.

Die Bewerbungsfrist für die Stelle in der Bundesverwaltung ist zwischenzeitlich abgelaufen und ihr Motivationsschreiben unfertig im Computer geblieben. Vielleicht ist das der Grund für ihre Unruhe.

Für Paul hat sie immer noch keine Worte gefunden, obwohl sie jeden Tag seinen Brief liest und die vier Fotos anschaut, dabei dem Dialog zwischen Paul und Natascha lauscht und rauszuhören versucht, was die beiden noch miteinander reden werden. Doch sie hört nichts. Vielleicht ist das der Grund für ihre Unruhe.

Mit Jan hat sie praktisch keinen Kontakt mehr. Nur einmal noch hat er sie angerufen, um sie an die Vernissage zu erinnern.

Als hätte sie sonst nicht daran gedacht. Oder als hätte sie sich davor drücken wollen. Dabei war Natascha, seit sie Jan kennt, bei jeder Eröffnung seiner Ausstellungen anwesend. Und jedes Mal waren Bilder von ihr ausgestellt. Es machte ihr nichts aus, dass man sie auf den Bildern erkannte und sie darauf angesprochen wurde. Sie störte sich auch nicht daran, dass es meistens ein paar Männer gab, die sie interessiert beobachteten. Jan entgingen diese Blicke nicht, und er äusserte einmal die Idee, an einer Vernissage sein Atelier nachzubilden, in welchem sie Modell steht. Hinter ihr würde er eine Kamera installieren, um alles festzuhalten. Das Bild, das aus dieser inszenierten Session entstünde, wäre nicht von ihr, sondern von den Blicken, die auf ihr ruhen. Ein künstlerisches Experiment, das Jan wieder fallen gelassen hat. Wie so vieles, das er fallen gelassen hat. Auch sie hat er fallen gelassen. Wahrscheinlich, denkt sie jetzt, ist das der Grund für ihre Unruhe.

Als Natascha vor dem Spiegel steht und Wimperntusche aufträgt, fällt ihr ein, dass sie auf den Bildern der aktuellen Serie gar nicht zu erkennen ist. Auf dem einzigen Porträt von ihr sind die Gesichtsteile zerwürfelt und geben eine Stimmung wieder, hinter welcher ein gewöhnlicher Betrachter sie nicht vermuten wird. So jedenfalls hat sie es sich zurechtgelegt. Dabei hat sie nicht vergessen, wie Paul auf das Bild von ihr im Buchstabenmeer reagiert hat. Im Nachhinein ist sie jedoch überzeugt, dass er nur ihrer eigenen Reaktion wegen erraten hat, dass sie die Abgebildete ist. Das bist du, denkt sie heute, war doch eher Frage als Feststellung. Paul hat die Stimme am Satzende angehoben und damit signalisiert, dass er nicht sicher war. Es war eine von vielen Fragen, mit denen er sie kennenlernen wollte. Dazu gehörte auch das Wer-bist-du. Natascha denkt zum unzähligsten Mal, dass sie gelassener hätte reagieren sollen, und dass dann alles anders gekommen wäre. Ob besser, weiss sie nicht.

Sie greift nach dem Lippenstift und malt sich aus, wie sie sich an der Vernissage unauffällig unter die Gäste mischt, ein Glas Wein in der einen Hand und ein Gebäck in der anderen, dabei von Bild zu Bild wandelt, jedes einzelne interessiert betrachtet, an die eine oder andere Collage näher herantritt, um die Technik zu studieren, wieder einen Schritt oder zwei zurückgeht, dabei mit anderen Gästen zusammenstösst, bei denen sie sich entschuldigt, bevor sie weitergeht, Bekannte grüsst und mit jemandem ein paar Worte wechselt. Irgendwann wird sie das leere Glas auf einen Tisch stellen und die Galerie verlassen, noch bevor die Musik aufgehört hat zu spielen. Niemand wird ihr besondere Beachtung geschenkt haben, auch Jan nicht, der sie sonst an solchen Anlässen zwischendurch an sich zog und küsste. An Vernissagen waren sie, das fällt ihr jetzt ein, immer ein Paar. Das hatte wohl damit zu tun, dass der Eröffnung einer Ausstellung immer eine Magnetphase voranging. Auch in dieser Hinsicht würde sich die heutige Vernissage von den anderen unterscheiden. Natascha presst die Lippen aufeinander und bessert an einigen Stellen mit dem Konturenstift aus. Schliesslich reisst sie Toilettenpapier von der Rolle und wischt den Lippenstift wieder ab.

Sie geht zurück zum Kleiderschrank, entscheidet sich für Jeans und ein dunkelgraues Oberteil, zieht sich um und schaut danach nicht mehr in den Spiegel, sondern schlüpft in ihre Ballerinas und legt einen Seidenschal in ihre Tasche, bevor sie die Wohnung verlässt.

Das hohe Gebäude, in dessen Erdgeschoss sich die Kunstgalerie befindet, sieht Natascha schon von Weitem, als sie bei einem Rotlicht wartet. Sie stützt sich auf den Lenker ihres Fahrrades und betrachtet das Gebäude, von dem sie nicht weiss, ob es ihr gefällt oder nicht. Es ist eines der vielen Geschäftshäuser, die in den letzten Jahren gebaut wurden und das Stadtbild verändert haben. Als die Ampel auf Grün wechselt und sie über die Kreuzung fährt, weiss sie noch immer nicht, was sie vom Gebäude halten soll. Aber sie denkt jetzt nicht mehr daran, sondern überlegt, wie sie Jan begegnen soll. Wie eine Kollegin? Wie eine Ex-Freundin? Wie eine Unbekannte? Sie weiss es nicht. Sie weiss auch nicht, wie eine Kollegin, eine Ex-Freundin oder eine Unbekannte ihm an einer Vernissage begegnen würde. Zur Begrüssung ein Kuss? Auf den Mund? Auf die Wange? Auf beide Wangen? Drei Küsse? Nur die Hand schütteln? Oder einfach zuwinken? Und was, wenn eine Frau an seiner Seite ist?

Sie fährt bis zum übernächsten Fussgängerstreifen. Dort holpert sie über den Bordstein auf den Gehsteig und fährt auf diesem ein Stück weiter, bis sie nur noch wenige Meter von der Kunstgalerie entfernt ist. Sie verlangsamt ihr Tempo, richtet sich auf, hebt den rechten Fuss vom Pedal und zieht ihn hinter den linken Fuss, auf den sie nun ihr ganzes Gewicht verlagert hat. Mit dem Lenker drückt sie das Fahrrad leicht nach rechts, um das Gleichgewicht nicht zu verlieren. So balanciert Natascha an der Glasfassade der Kunstgalerie vorbei und blickt dabei ins Innere.

Durch die Scheibe sieht sie Jan im Gespräch mit jemandem, der von hinten aussieht wie der Galerist. Ein paar Meter daneben erkennt sie eine Freundin, die sich mit einer Journalistin unterhält. Etwas weiter im Rauminneren stehen drei Personen vor einem Bild. Auch die Musiker sind schon eingetroffen und damit beschäftigt, ihre Instrumente auszupacken.

Bald werden sie zu spielen beginnen, wird sich die Galerie mit Gästen füllen, werden Bilder angeschaut, Fragen gestellt, Beobachtungen diskutiert. Irgendwann wird der Galerist die zahlreich erschienenen Gäste begrüssen und ein paar organisatorische Dinge sagen, bevor er das Wort einem Kurator übergibt, der das Werk des Künstlers insgesamt und die neue Serie ganz besonders loben wird. Er wird die «Hommage an eine Unbekannte» als den bisherigen Höhepunkt in der Entwicklung eines aussergewöhnlichen Künstlers bezeichnen. Jan Kaminsky, auf dessen weiteres Schaffen man gespannt sein dürfe. So wird der Kurator seine Rede schliessen. Und so wird es am nächsten oder übernächsten Tag in der Zeitung stehen.

Gerade als Natascha mit dem rechten Fuss zum Anhalten aufsetzt und dabei noch einmal zu Jan schaut, sieht sie, wie sich dessen Gesprächspartner leicht abdreht, um ein Bild zu betrachten, über das Jan zu reden scheint. Da erkennt Natascha, dass Jan nicht mit dem Galeristen redet. Sondern mit Paul.

Es gibt nicht viele Männer, mit denen Natascha eine grosse Geschichte verbindet. Oft genügt ihr die Erinnerung an einen Blick, an einen Geruch, an ein Gespräch, an Gefühle, an Geräusche, an eine Berührung, an eine Umarmung, die Erinnerung an Herzklopfen, an eine Hoffnung, an eine Enttäuschung, an einen Kuss, an keinen Kuss, an keinen schönen Kuss, an einen zu schönen Kuss oder die Erinnerung an eine Reise, um sich anschliessend die Fortsetzung selber auszudenken.

Es hat sie gegeben, die Männer, die mit grossen Geschichten in ihr Leben platzen wollten, plötzlich ungefragt vor ihr standen mit einem Projekt, das sie ihr entgegenstreckten, verpackt in einen zu gross geratenen Blumenstrauss. Blumen, deren Duft so penetrant war, dass Natascha keine Luft mehr gehabt hätte zum Atmen. Erstickt wäre sie an den Blumen, die sie mitsamt Projekt zurückwies und die irgendwann, etwas weniger frisch vielleicht, an eine andere Frau gingen, dankend angenommen wurden und Lebensentwürfe retteten.

Rundherum, denkt Natascha jetzt, wissen alle, was sie im Leben wollen. Sie hingegen weiss, was sie nicht will. Sie will keine überdimensionierten Blumensträusse. Ihr genügt der Duft eines Rosenblütenblattes, um sich einen ganzen Rosengarten vorzustellen. Sie will keine zu Ende geschriebenen Geschichten, sie will nur Anfänge davon und sich den Rest selber ausdenken. Sie will ihre Geschichte selber schreiben, die Worte in Ruhe wählen und auch mal nach oben scrollen können, um die Reihenfolge der Dinge abzuändern. Sie will selber entscheiden, ob und wann sich Jan aus ihrem Leben verabschiedet hat. Sie will selber entscheiden, ob und wann Paul sie in seinem Leben empfängt. Und sie will nicht nur den Moment, sondern auch den Ort selber wählen, an welchem ein solcher Übergang allenfalls stattfinden soll. Und dieser Ort wird nicht die Kunstgalerie sein, und der Anlass dazu nicht die

Vernissage. Sie will heute Abend weder Paul noch Jan begegnen und schon gar nicht beiden zusammen.

Es ist der Bruchteil einer Sekunde nur, der Fuss, der aufgesetzt hat und dann doch nicht zum Anhalten absetzt, sondern zum Weiterfahren abstösst, mit viel Kraft abstösst und Energie in die Räder pumpt, die jetzt schnell drehen und Natascha viel Konzentration abverlangen. Sie flitzt am Eingang der Kunstgalerie vorbei, rast über den Gehsteig, holpert über den Bordstein zurück auf die Strasse und fährt und fährt, immer weiter fährt sie.

Wie lange sie schon fährt, weiss sie nicht. Und sie spürt auch nicht, wie ihr Herz schlägt, wie sich ihre Unruhe auf das Tempo überträgt, wie das Tempo alles wegfegt, auch die Gedanken daran, was in der Kunstgalerie hätte, wäre und würde. Sie entledigt sich dieser Bürde und fährt stattdessen um ihre Würde. Weg von Jan, aus dessen Bildern sie verschwunden ist. Und weg von Paul, der für das letzte Porträt von ihr bezahlen will, womöglich damit prahlen will, dass er einen jungen Künstler unterstützt. Sie tritt noch stärker in die Pedale, stemmt sich gegen das scheinbar Fatale, denn sie wittert hinter sich einen Abgrund, der wie ein Schlund sie nach unten zu ziehen droht. Sie ist in Not. Und schon ganz rot, sosehr beeilt sie sich, wegzukommen. Sie ist schon ganz benommen, sosehr will sie Jan und Paul entkommen.

Erst als sie die Stadt hinter sich gelassen hat und in einen Feldweg einbiegt, drosselt sie ihr Tempo, und beruhigt sich ihr Atem. Sie riecht jetzt einen herben Duft und sieht das frisch geschnittene Heu, das auf der Wiese neben ihr zum Trocknen liegt, bereit, um am nächsten Tag von einem Bauern eingebracht zu werden. Natascha stellt sich den Bauern vor, einen drahtigen Mann zwischen fünfzig und sechzig, der am Nachmittag mit einer grossen Gabel das Heu gewendet hat. Einen Mann mit Bart stellt sie sich vor, einer, der immer etwas zu tun hat und nur selten in einem karierten Hemd und mit einem Bier in der Hand vor der Scheune sitzt und in die Abendsonne schaut. Sie fragt sich, was dieser Bauer jetzt gerade macht, ob heute einer dieser seltenen Abende ist, an denen er in einem karierten Hemd und mit einem Bier in der Hand vor der Scheune sitzt oder ob er noch im Stall zu tun hat. An wen der Bauer einst den grossen Blumenstrauss gereicht hat, fragt sie sich, und ob er noch bei ihr ist und sie bei ihm. Natascha stellt sich die verwelkten Blumen vor, die in der Scheune hängen und an die schönste Zeit seines Lebens erinnern. Sie stellt sich die verwelkten Blumen vor, die in der Scheune hängen und an die schlimmste Zeit seines Lebens erinnern. Sie stellt sich die verwelkten Blumen vor, die nicht mehr in der Scheune hängen. Die verwelkten Blumen, die nie in der Scheune hingen. Sie stellt sich die verwelkten Blumen vor.

Und plötzlich sieht Natascha die kleinen Geschichten, die am Wegrand liegen. Geschichten, an denen sie vorbeifährt oder über die sie stolpert. «Nimm eine, schreib sie auf oder erfinde sie neu», hört sie Alexei sagen. Sie lauscht dem Klang seiner russischen Worte, während sie in den dunkelblauen Abendhimmel schaut. Und ihr ist, als würden dort Sterne kleben. Endlich sieht sie auch den Kleinen Bären. Mischka sieht sie dort, wo Alexei mit seiner Zigarette Linien in die Luft gezeichnet hat. Und Saschas Stimmchen hört sie, Sascha, der sie Nascha nennt und an ihrem Ärmel zupft. Und an dessen Grossvater denkt sie, an Aschot, der sich darüber freut, dass sie an die Hochzeit seiner Tochter kommt. Und auch sie, Natascha, freut sich, endlich freut sie sich auf die Reise nach Armenien, die kurz bevorsteht, jetzt, da die Vernissage vorbei ist, steht die Reise kurz bevor. Bis vor wenigen Stunden war es immer nur die Eröffnung der Ausstellung gewesen, die bevorstand wie eine Wand, hinter welcher alles andere verschwand. Und obwohl die Wand dunkel war und unangenehm, hatte Natascha nicht ein einziges Mal mit dem Gedanken gespielt, der Vernissage fernzubleiben, geschweige denn, einfach an der Kunstgalerie vorbeizufahren. Sie hätte aber auch nie gedacht, Paul mit Jan dort stehen zu sehen. Paul mit Jan. Was auch immer Paul mit Jan. Einen Preis aushandelt, mit einem Glas Wein anstösst oder über sie redet. Es ist ihr egal. Sie ist jetzt auf ihrem Weg und entscheidet selbst, wohin dieser führt.

Obwohl sie längst die Orientierung verloren hat, biegt sie an der nächsten Verzweigung in einen kleinen Weg ein, der über einen Hügel führt. Während Natascha sich auf den Lenker stützt und langsam die schweren Pedale kreist, rechnet sie. Noch fünfmal schlafen, dann ist sie in Eriwan. Noch siebenmal schlafen, dann ist sie im Bauerndorf. Und, auch das rechnet sie, noch elfmal schlafen, dann verlässt sie das Bauerndorf wieder. Noch vierzehnmal schlafen, dann fliegt sie zurück. Was sie zwischen dem elften und dem vierzehnten Mal schlafen macht, hat sie noch nicht entschieden. Doch jetzt weiss sie es. Sie wird an den Sewansee fahren. Sie wird gleich morgen Alioscha fragen, ob sie sich in einem der Gästezimmer des Schriftstellerhauses einrichten darf. Sie sehnt sich nach dem kleinen Balkon mit Blick auf den See, nach dem Schreibtisch, dem Stuhl und dem Bett. Sie sehnt sich nach einem langen Sommer, in welchem alles möglich ist, nach dem langen Sommer von früher, als Juli und August noch kein Loch waren, sondern der Höhepunkt des Jahres. Dieses Lebensgefühl zurückhaben will sie. Ihren Aufenthalt in Armenien verlängern wird sie und nicht vor Ende August zurückkommen. Denn Zeit hat sie, im Sommer ganz besonders. Zeit ist das, denkt sie jetzt, was sie von Paul unterscheidet. Zeit ist diejenige Skala, auf der sie gegen ihn und ihre Kameraden aus der Primarschule gewinnen würde. Zeit ist ihr Glück.

Das letzte Stück vor der Krete ist so steil, dass Natascha aufstehen muss, um mit voller Kraft in die Pedale treten zu können. In Gedanken tritt sie an gegen das Sommerloch, gegen die Leere, gegen die Untätigkeit. Sie tritt an gegen die Existenzängste, gegen die Zweifel, gegen die Unsicherheit.

Auf der Krete hält sie einen Moment inne, um durchzuatmen. Dann stösst sie ab. Und mit dem Schwung der Abfahrt überstürzen sich ihre Gedanken, purzeln übereinander wie Steine, die sich von einer Felswand gelöst haben und ins Tal hinunterrollen. So wie sie selbst, Natascha, mit dem Fahrrad den Hügel hinunterrollt und daran denkt, was sie am Sewansee tun wird. Nach Buchstaben fischen wird sie und diese zum Trocknen auf den Balkon eines der Gästezimmer des Schriftstellerhauses legen, daraus Worte formen und Sätze bilden, um Geschichten zu erzählen. Schreiben wird sie, sich im Text nach oben scrollen und mitten in der Nacht neben Alexei stehen, der sie fragt: «Wann beginnst du zu schreiben?» Und sie wird antworten: «Im Sommer beginne ich damit, Alexei Dschan, jetzt im Sommer beginne ich zu schreiben.»

ALEXANDRA VON ARX, *geboren 1972 in Olten, ist Juristin, freiberufliche Übersetzerin und internationale Wahlbeobachterin. Sie wurde mit dem Förderpreis für Literatur des Kantons Solothurn und mit dem Dreitannen-Förderpreis der Maurer-Billeter-Stiftung ausgezeichnet. 2020 erschien ihr Debütroman «Ein Hauch Pink» im Knapp Verlag, gefolgt von ihren Aufzeichnungen als Hüttenmitarbeiterin, den «Hundsteinhüttenbuchrandnotizen», im orte Verlag.*

Vielleicht heisst sie nicht mehr Buchmüller. Er kann sie sich zwar nicht verheiratet vorstellen, aber sie sich ihn wahrscheinlich auch nicht. Wer hätte sich damals schon vorstellen können, je verheiratet zu sein. In der Personalabteilung einer grossen Versicherung zu arbeiten. Jeden Morgen aufzustehen. Den Bus zu nehmen. Ein Sparkonto zu führen. Erwachsen zu sein und Kinder grosszuziehen. Wenn sie nicht mehr Buchmüller heisst, wird er sie nie finden. Er versucht es trotzdem mit anderen Suchbegriffen. Olivia und 1980. Olivia und Punk. Olivia und London.

«**Man fühlt sich in der unaufgeregten Literatur dieser Autorin an die Roman-Antihelden von Markus Werner und Peter Stamm erinnert.**»
Hansruedi Kugler, «Schweiz am Wochenende»

Alexandra von Arx
Ein Hauch Pink
Paperback, 135 x 215 mm
152 Seiten
ISBN 978-3-906311-66-1

Besten Dank für die Unterstützung.

DÄSTER-STIFTUNG

Der Knapp Verlag wird vom Bundesamt für Kultur mit einem Strukturbeitrag für die Jahre 2021 bis 2024 unterstützt.

Verein Freunde des gepflegten Buches
freunde.knapp-verlag.ch

LAYOUT | KONZEPT *Monika Stampfli-Bucher, Solothurn*
KORREKTORAT *Petra Meyer, Beromünster*
DRUCK *CPI – Clausen & Bosse, Leck*

1. Auflage, April 2021
ISBN 978-3-906311-77-7

Alle Rechte liegen bei der Autorin und beim Verlag.
Kein Teil des Werks darf in irgendeiner Form ohne Genehmigung der Herausgeber verwendet werden.

www.knapp-verlag.ch